GUIARAMA COMPACT

Sevilla

por Edurne Miquélez de Mendiluce,
Rafael Arjona, Juan Carlos Alonso
y María Prior

ANAYA TOURING

Autores: **Edurne Miquélez de Mendiluce, Rafael Arjona, Juan Carlos Alonso** y **María Prior.**
Editores de proyecto: **Mercedes de Castro** y **Javier Muñoz.**
Editoras: **Olalla Aguirre** y **Antonia Riera.**
Coordinación técnica: **Mercedes San Ildefonso.**
Equipo técnico: **Antonio Sereno** y **David Lozano.**
Mapas y planos: **Cartografía ANAYA Touring.**
Diseño tipográfico y de cubierta: ***mariwíes***

Todas las fotografías son de **Javier Sánchez/ Anaya Touring**, excepto: **123 RF**: 6-7, 19 c, 74-75, 102, 108 a y b. **Archivo Anaya**: 43 b, 44, 48, 54, 63. **J. Coronimas i Julián**: 53 a. **Fotolia**: 19 a y b, 134. **Á. García Pelayo/ Anaya**: 92. **Hidalgo-Lopesino**: 72, 76, 83. **INCAFO**: **J. A. Fernández/ C. De Noriega**: 38. **iStockphoto**: 2, 25, 26-27, 40, 60 c y d, 61 a y b, 67 b, 73 a, 76-77, 100, 101 b, 133. **Antonio Liarte Sales/ Anaya**: 17. **J. Lucas/ Anaya**: 122-123, cabecera *Dónde*. **J. A. Martín/ Anaya**: 24-25, 60 a, 61 c, 78, 79, 101 a, 103, 124. **Joseph Martin/ Anaya**: 16, 95 a. **M. Pérez de Tudela/ Anaya**: 121 a. **Miguel Raurich**: 67 a, 73 b, 99, 104. **J. B. Ruiz/ Anaya**: 42 a y b, 43 a, 47, 84, 85. **Olimpia Torres/ Anaya**: 120. **Remedios Valls/ Anaya**: 10, 45, 71, 86-87, 110, 111, 117. **Remedios Valls/ Anaya Touring**: 9, 13 b, d y e, 18 c, 20-21, 22, cabecera *Visita*, 49, 53 b y c, 56, 58, 59, 66, 74, 81 a, b y c, 82-83, 88, 89, 97, 105, 106, 107, 112, 113, 114 a, b y c, 115 c, 118, 118-119, 119, 121 b, 125 a, b y c, 136. **Villaboy, Nardo/ Anaya**: 8-9.

11ª edición: marzo, 2014.

Depósito legal: M.-2.132-2014
ISBN: 978-84-9935-652-5
Impreso en España - Printed in Spain

Contenido

Cómo usar esta guía

Antes del viaje

Se sugiere la lectura de los **Diez Indispensables** (de la página 7 a la 25), una serie de artículos que proporcionan las referencias necesarias para conocer mejor la ciudad de Sevilla, escritos por María Prior. Para quienes opinan que la *gastronomía* es uno de los atractivos del viaje, la sección del mismo nombre (de la página 124 a la 125) ofrece una visión bastante completa de aquellas especialidades sevillanas que puedan despertar la curiosidad del viajero.
Si desea reservar hotel o mesa en un restaurante, antes de iniciar el viaje, conviene consultar las páginas del apartado **Dónde** que vienen al final de la guía.

Durante el viaje

En la parte titulada **Visita a la ciudad de Sevilla** (de la página 27 a la 121), se describe la ciudad a través de seis itinerarios. En ellos se da información detallada de los lugares de mayor interés. Los **planos** que aparecen en las páginas 30 a 33 puede ser de gran utilidad para realizar estos desplazamientos por las ciudad.

Clasificación por estrellas

La mayoría de los lugares descritos en el libro se han clasificado por su grado de interés como sigue:

** Visita obligada
* Interesante

La hora de comer (y cenar)

Dentro del capítulo titulado **Dónde** se incluye una amplia selección de restaurantes por zonas, especialidades y precios. En esta misma sección se facilita también información sobre un buen número de actividades con las que ocupar el tiempo libre que van desde las fiestas a otras como compras, vida nocturna...

Use los índices

Finalmente se ha elaborado un **índice de lugares** de interés que permite localizar con facilidad las páginas en las que hay alguna información de utilidad.

Planificación del viaje

En función del tiempo del que se disponga puede conseguirse el máximo provecho a la estancia siguiendo las sugerencias siguientes:

Una semana. Visite la ciudad de Sevilla siguiendo los itinerarios que se proponen en esta guía. Seleccione, entre los 6 itinerarios, uno para cada día. Para comer, siga los consejos de la sección **Gastronomía** y **Restaurantes.** Para cualquier otra actividad en la que ocupar sus momentos libres puede consultar el apartado **Dónde,** en el cual se incluye información de carácter general sobre fiestas, eventos culturales, museos, compras, alojamientos, transportes, oficinas de turismo...

Fin de semana. Seleccione tres de los itinerarios propuestos y uno o varios lugares concretos que desee visitar. La lista de restaurantes de esta guía le será de gran utilidad.

SÍMBOLOS UTILIZADOS

A lo largo de la guía se han utilizado símbolos sencillos y claros para indicar las siguientes categorías:

- información práctica
- referencia a los planos
- dirección o localización
- número de teléfono
- página web
- horario
- precio

SIGNOS CONVENCIONALES EN LOS PLANOS DE SEVILLA

- Edificios de interés turístico
- Parques y jardines
- Vías rápidas
- Calles peatonales
- Información turística
- Aparcamientos
- Metro
- Metrocentro

10 Indispensables

De puertas afuera

La Catedral y la Giralda

1

Rondaba el año 1401 cuando en un cónclave se planteó la necesidad de edificar un templo nuevo ante las condiciones ruinosas en las que se encontraba la antigua mezquita, transformada en iglesia tras la Reconquista. Antes de aprobar el proyecto, el deán don Pedro Manuel puso como premisa: «Hagamos una iglesia tan grande que los que la vieren acabada nos tengan por locos», y así fue.

Info

- Avda. de la Constitución, s/n.
- 902 099 692.
- www.catedraldesevilla.es
- En invierno, lunes de 11 h a 15.30 h; de martes a sábado, de 11 h a 17 h; domingo de 14.30 h a 18 h. En verano, lunes de 9.30 h a 14.30 h; de martes a sábado, de 9.30 h a 16 h; domingo de 14.30 h a 18 h.
- General: 8 €. Reducida: 3 €. Entrada gratuita para menores de 16 años, discapacitados, desempleados y residentes en Sevilla.

Patrimonio Mundial Unesco

Tras las obras de peatonalización de la avenida de la Constitución y los alrededores de la Catedral, hoy más que nunca se puede apreciar la majestuosidad del edificio, que hasta la construcción del Vaticano en Roma y de la catedral de San Pablo en Londres, era el más grande de la Cristiandad.

Del conjunto almohade se conserva el denominado Patio de los Naranjos y el minarete. El interior del templo está considerado una pinacoteca de enorme valor. En poco más de un siglo, los mejores canteros y arquitectos, entre los que se encontraban Diego de Riaño, Juan Gil de Hontañón o Hernán Ruiz, se hicieron cargo de la obra hasta su consagración en 1507, bajo la advocación de Santa María de la Sede. Como resultado encontramos un templo cuyas dimensiones asustan, 116 m de largo por 76 m de ancho y siete naves, ya que los dos pasillos exteriores fueron transformados en capillas. La altura

máxima del crucero son 37 metros, con un total de 264 m^2. La estructura del conjunto es gótica, pero ya en los últimos retoques se aprecian elementos renacentistas, y la decoración es primordialmente barroca. El retablo mayor, completamente dorado, la Capilla Real, donde se encuentra la tumba del amado rey don Fernando y la Virgen de los Reyes, así como las vidrieras justifican la visita. Las puertas, en total siete, están llenas de leyendas y curiosidades. Por la puerta del Lagarto (al pasar no olvidéis mirar hacia arriba para ver las tripas del enorme reptil) se entra al Patio de los Naranjos, único resto de la antigua mezquita junto con la Giralda. El minarete, construido por los almohades en 1184, es una de las maravillas que quedan de este arte en la península. Está construido con ladrillo macizo, decorado en sus cuatro caras exteriores con entrelazados y arquillos ciegos, muy característicos. Su interior, compuesto por un conjunto de 35 rampas, permitía el acceso al sultán a caballo para llamar a la oración a su pueblo. Hasta 1355, se encontraba rematado por cuatro grandes bolas doradas y una linterna de media naranja cuyo resplandor se podía ver desde «más lejos de una jornada», según los cronistas de la época. En esa fecha, un terremoto derribó las bolas y no fue hasta 1558 cuando fueron sustituidas por un cuerpo de campanas, el reloj de las estrellas y las Carambolas, rematándose la torre con la veleta de la Fe, el famoso Giraldillo, cuya copia se puede observar en una de las puertas de la Catedral. Desde arriba, se pueden contemplar unas vistas únicas de la ciudad.

▼ La Catedral y la Giralda componen una de las estampas más características de la Sevilla esencial.
En el centro, vista general de ambas. A su izquierda, interior de la Catedral, y a su derecha, la puerta del Príncipe, en cuyo atrio se halla una réplica del Giraldillo.

El Alcázar de Sevilla

2

Emblemático edificio que puede presumir de ser uno de los palacios reales que más reyes ha acogido entre sus muros. Desde su construcción por Abd al-Rahmann III a principios del siglo X, ha sido la residencia oficial de reyes moros y cristianos.

Las obras más importantes que se realizaron en el Alcázar en época musulmana son de los siglos XII y XIII. Por aquel entonces sus murallas alcanzaban la mezquita mayor de Isibilya, la Torre de la Plata y la Torre del Oro. El corpus de este edificio es un conjunto de salas y palacios que han sido construidos a lo largo de la historia de la ciudad, por las culturas más significativas desde la Edad Media. De entre todas ellas predomina el estilo mudéjar, el islámico y el gótico. Tras la reconquista de la ciudad por Fernando III, fue su hijo Alfonso X el Sabio quien llevó a cabo las primeras reformas, sin embargo, la ampliación más importante la realizó Pedro I el Cruel o el Justiciero, quien proyectó un nuevo palacio. En aquellas obras tomaron parte los mejores artistas provenientes de Toledo y Granada, en su mayoría mudéjares, y prueba de su labor, la observamos cuando se recorren sus salas y estancias, distribuidas en dos niveles. La planta de arriba está reservada para las visitas del rey.

Especialmente bellos son el patio de las Doncellas y el patio de las Muñecas. En ellos se puede apreciar la combinación del arte mudéjar y mozárabe, siguiendo un estilo renacentista en cuanto a la composición arquitectónica. Por aquí deambulaban los emisarios de otros países que el rey recibía en audiencia. Para recibirlos, pero también para deslumbrarlos se construyó el espectacular salón de Embajadores, cuya decoración en los techos y las paredes, merecen especial atención. Probad a imaginar el ambiente que se respiraba durante los siglos XIII, XIV y XV.

Los jardines del alcázar son parte fundamental del mismo. A lo largo de los siglos han sufrido profundas transformaciones, que han desvirtuado su trazado primitivo, pero a pesar de ello aún llaman la atención por su belleza y encanto. Los más próximos al palacio fueron realizados en época renacentista, y se encuentran divididos por muros decorados con fuentes y portadas manieristas. La frondosa vegetación se mezcla con un diseño estudiado del laberinto; los baños de Doña María de Padilla o la Galería del Grutesco, dan una idea de lo que fueron.

Info

- Patio de Banderas, s/n.
- 95 450 23 23.
- www.patronato-alcazarsevilla.es
- De octubre a marzo, todos los días de 9.30 h a 17 h. De abril a septiembre, todos los días de 9.30 h a 19 h.
- General: 8,75 €. Entrada gratuita para estudiantes, pensionistas, discapacitados y residentes en Sevilla.

Patrimonio Mundial Unesco

◄ Magnífica decoración en las paredes de los salones del Real Alcázar de Sevilla.

El barrio de Santa Cruz

3

Su historia está formada por leyendas, poesías y silencios. Recorrer los callejones, las plazuelas del barrio de Santa Cruz lleva consigo el recuerdo del misterio, del embrujo, del paso de los siglos. Sevilla, como si de una madre se tratase, cuida a su barrio como si fuera la niña de sus ojos, con mimo para que no se pierda el aroma a azahar e incienso, para que las sombras sigan persiguiéndose en cada esquina.

Muchos lo describen como el barrio judío de la ciudad, si bien originariamente los hebreos se encontraban ubicados cerca de la parroquia de San Bartolomé. Tras la reconquista de Sevilla y hasta la expulsión de los judíos y los moriscos fue un barrio fructífero y rico. Posteriormente cayó en el olvido y no fue hasta principios del siglo XX, con ocasión de la celebración de la Exposición universal de 1929 cuando sus calles recuperaron el encanto perdido gracias al programa del marqués de Vega-Inclán. La renovación del barrio lo transformó en algo «típico y turístico», y hoy sigue siendo uno de los atractivos más interesantes de la ciudad. Algunas casas son ahora restaurantes y pequeños hoteles, otras, algo más alejadas de las calles principales, mantienen su encanto, que solo dejan observar a través de las rejas que cierran sus patios.

Cada calle encierra una leyenda, como si de un libro abierto se tratara; por aquí dicen que han caminado ilustres como Pedro I el Cruel persiguiendo a su amada doña María Coronel, don Juan Tenorio realizando sus correrías o la Susona, cuya cabeza estuvo colgada en la calle que hoy lleva su nombre siguiendo lo dispuesto en su testamento. La plaza de Santa Cruz, que da nombre al barrio, está presidida por una cruz de cerrajería que esconde la tumba del famoso pintor Bartolomé Esteban Murillo.

La plaza de Doña Elvira, es uno de los lugares emblemáticos del barrio. Tiempo atrás fue un corral de comedias, donde se estrenaron obras de autores tan conocidos como el mismo don Miguel de Cervantes.

Al final del barrio, muy cerca de la plaza de las Mercedarias, se encuentra el actual barrio de San Bartolomé, verdadero antiguo barrio judío. Lleno sobre todo de bares y restaurantes, es un espacio muy animado donde lo típico se mezcla con el tópico y cada uno encuentra ese duende sevillano que muchos dicen conocer.

► Por el barrio de Santa Cruz se pueden encontrar algunas tiendas de artesanía, pero lo realmente interesante es perderse por sus callejuelas llenas de encanto.

POPULART
4

PIZZAS
CARNES
HUEVOS
PESCADOS

Al otro lado del río

4

Triana se halla en la orilla derecha del Guadalquivir y al oeste del casco histórico de la ciudad antigua. Se encuentra unida al centro por el puente de Isabel II (conocido popularmente como puente de Triana), del siglo XIX, otorgando a este barrio cierta independencia. Tanto es así que son muchas las letras de canciones populares que hablan de Triana y Sevilla, como dos entidades diferentes.

Los primeros asentamientos datan de la Edad Antigua, como han confirmado los restos romanos. Pero no fue hasta la época musulmana cuando la población se organizó en torno al castillo de San Jorge, del siglo X, donde hoy está el mercado de Triana. La importancia de este antiguo arrabal derivaba de su posición estratégica, junto al río Guadalquivir, donde llegaban las provisiones de cereales, vid y olivo del Aljarafe. De hecho, el ejército

de Fernando III el Santo, para conseguir conquistar la ciudad tuvo que atacar y destruir el castillo y el puente de barcas. La construcción del puente de barcas, en 1171, bajo el mandato del califa Abu Yacub Yusuf, supuso un importante incentivo al crecimiento urbano del entonces arrabal de la ciudad. En 1481, bajo reinado de los Reyes Católicos, el castillo de San Jorge se convirtió en sede del Tribunal de la Inquisición hasta 1626. En 1854 se construyó el puente de Isabel II, más conocido por puente de Triana. Con la construcción en 1992 del puente del Cachorro, el barrio se ha quedado unido para siempre a su ciudad.

Fue tradicionalmente un barrio de marineros, obreros, alfareros e industriales, famosa por sus toreros, cantaores y bailaores de flamenco. Contó con la presencia del pueblo Gitano o romaní, que se extendió hasta la expulsión de la Cava de los Gitanos por la presión inmobiliaria en la década de 1970, y estuvo casi siempre asociado a la herrería tradicional. Hoy sigue siendo un barrio vivo y alegre que se va acoplando al paso del tiempo, sin perder sus tradiciones.

▼ Puente de Isabel II, más conocido como puente de Triana, y vista de la calle Betis, una de las vías principales del célebre barrio de Triana.

Las fiestas de Sevilla

5

Sevilla es conocida por sus fiestas, y es que son pocas las ciudades que viven con tanta pasión sus tradiciones. Mundialmente conocidas son la Semana Santa y la Feria de Abril, pero nada tienen que envidiar otras como la Velá de Santa Ana o la procesión del Corpus. Son muchos los que, en aras de la modernidad, han intentado actualizar alguna fiesta, y lo único que han conseguido es apreciar todavía más estas tradiciones que con tanto cariño se mantienen.

Las actividades que se van desarrollando a lo largo de la Cuaresma, culminan en la Semana Santa. Siete días donde el sentir religioso, la tradición milenaria y el cariño de esta ciudad hacia sus imágenes inundan los corazones de todos, incluso de los más recelosos. Las calles, principalmente del centro de la ciudad, se engalanan para recibir a las hermandades que en penitencia se acercan hasta la Catedral transportando sus imágenes. El silencio y el sobrecogimiento se mezclan con el cante profundo de las saetas y las risas de los niños que desde muy pequeños participan en estas fiestas.

Tras el Concilio de Trento, se organizaron en Sevilla las bases de las peregrinaciones de las distintas hermandades por los barrios de la ciudad. Hoy hay más de cincuenta hermandades que se acercan en procesión hasta la Campana, donde empieza el itinerario fijo, lla-

▼ Detalle del cuadro *Corpus Christi en Sevilla,* del pintor Manuel Cabral Bejarano (Sevilla, 1827-1891), uno de los mejores representantes del costumbrismo andaluz.

mado carrera oficial, para llegar hasta la Catedral. Cada una de ellas es diferente y conserva con celo la estética que la ha hecho distinta.

Al llegar el mes de abril, los sevillanos se acercan hasta el barrio de Los Remedios donde está el Real de la Feria. Sus orígenes se encuentran en 1847 cuando el vasco José María Ybarra y el catalán Narciso Bonaplata, propusieron a la reina la celebración de una feria del ganado. En pocos años aquella se fue transformando en lo que es hoy. Una «pequeña ciudad», donde casetas de particulares, empresas y distritos se engalanan para acoger a los amigos con quienes compartir momentos llenos de alegría, música y despreocupación. El colorido de las mujeres vestidas con bonitos trajes de gitana, la algarabía de las calles por las que discurren, durante el día, caballos y enganches con sus mejores galas, y el bullicio de las casetas son una vivencia única.

▲ Una de las obras más destacadas de Gustavo Bacarisas (Gibraltar, 1873-Sevilla, 1971) es este *Sevilla en fiestas,* óleo sobre lienzo de 1915 que actualmente se encuentra en el Museo de Bellas Artes de Sevilla.

El parque de María Luisa

6

Es uno de los parques más extensos de la ciudad de Sevilla y el más reconocido, cuenta con una gran variedad de árboles y especies diferentes, muchas traídas de América con ocasión de la Exposición Iberoamericana de 1929. Es el lugar elegido por muchos para ir de paseo, realizar actividades al aire libre y disfrutar de la naturaleza.

▲ La primavera en la ciudad
▼ de Sevilla se viste de aromas y colores, muy especialmente en parques como el de María Luisa, con tanta variedad de vegetación.

Los orígenes del parque de María Luisa se remontan al siglo XIX, cuando los duques de Montpensier adquirieron el palacio de San Telmo y encargaron al jardinero francés Lecolant la ejecución de un gran jardín acorde con la majestuosidad del edificio y siguiendo las tendencias de aquella época.

En 1893 la duquesa viuda, María Luisa de Borbón, donó gran parte de este jardín a la ciudad, en reconocimiento del cariño que siempre había sentido por parte de los ciudadanos.

Desde la donación hasta nuestros días los jardines han vivido largos momentos de abandono. Con ocasión de la celebración de la Exposición en 1929, se realizaron numerosos trabajos de adaptación para que el parque pudiera acoger a todos los participantes. Sus puertas se abrieron al público en 1914 y unos años más tarde la plaza de España y el Casino de la Exposición fueron los escenarios construidos por parte del Ayuntamiento para acoger a todas las naciones que aquí se concentraron. Sin embargo, tras esta celebración, el parque volvió a caer en el olvido y se fue degradando poco a poco, aunque no terminaba de perder el encanto.

Hasta el año 1973 fue el único parque de la ciudad, y son muchos los que siguen refiriéndose a él como «el parque».

Actualmente, y tras los esfuerzos que se han realizado para revalorizar todos sus elementos, puede describirse como el pulmón verde del centro de la ciudad. En un extremo del parque están situados dos museos de gran valor para conocer la historia de la ciudad: el Museo Arqueológico y el Museo de Artes y Costumbres Populares. Sus fuentes, glorietas y plazas han sido el escenario de películas y cortometrajes, pero también de paseos anónimos llenos de recuerdos. Bajo las sombras de los árboles, se organizan muchas y variadas actividades: conciertos, recitales de poesía, ejercicio físico, talleres de pintura para los más pequeños, visitas guiadas.

La ruta de la tapa

7

La historia de la tapa es muy controvertida, y son muchos los que defienden su origen. Algunos dicen que se remonta a la Edad Media, pero, en realidad, no es tan importante su historia como el genial invento. Una loncha de jamón con la que tapar un vaso de vino, unido a la tradición gastronómica española de comer pequeños bocaditos, ha dado lugar a uno de los placeres más sanos y placenteros que hoy existen, ir de tapas.

Bien conocida es la fama de las tapas en Sevilla, y es que aquí ir de tapas es todo un arte, tanto por el número de bares y tabernas como por la calidad de sus porciones, y toda una tradición que cada vez va ganando más adeptos entre todos aquellos que vienen por primera vez.

Los alrededores de la iglesia de Santa Catalina y la calle Gerona reúnen tradición y sabor en *El Tremendo, El Rinconcillo* y *Becerrita*. Estos tres grandes son bares que no pasan de moda, y eso que algunos llevan abiertos incluso siglos. Por aquí se respira un ambiente muy sevillano.

Cerca de la Alfalfa y el Salvador encontramos otro hito importante al salir de tapas. Cada uno tiene su público, pero todos conocen y aprecian algunos de los siguientes bares: *La Bodeguita, la Taberna Perejil,* el bar *Europa* o la *Espera te Esquino*.

También hay bares modernos o bares taurinos, según los clientes y sus especialidades, que para todos los gustos hay. Los primeros los encontramos en los alrededores de la Alameda: *Las Columnas, Boreas* o *La Ilustre Víctima.* Los segundos, como no podía ser de otra forma, en los alrededores de la plaza de toros, en el Arenal: la *Bodeguita Romero, Puerta Grande* o *Taquilla*.

En este rosario de bares, no pueden faltar los cofrades. En este caso hay muchos, pero hay uno que supera a todos los demás: *Casa Ricardo,* donde sus paredes están llenas de fotografías de todas las épocas de la Semana Santa sevillana, lo que le añade un valor testimonial además del culinario.

Como si un punto y aparte se tratara, Triana refleja otra forma de entender la cocina, algo que se puede apreciar en sus bares, principalmente a lo largo de la calle San Jacinto o junto a la catedral trianera, en la plaza de Santa Ana. Por citar algunos: *Abacería La Antigua, La Albariza, Casa Balado, bar Casa Diego, Casa Peral o Sol y Sombra.*

▼ La tapa en Sevilla está elaborada con sencillez, pero con las características propias de la alta cocina. Es una delicia ir de tapas en la ciudad.

El Museo de Bellas Artes

8

El Museo de Bellas Artes de Sevilla es, tanto por el tamaño como por el conjunto de sus colecciones, la segunda pinacoteca de España, después del Museo del Prado de Madrid.

Se encuentra en la plaza del Museo, en el que fuera Real Convento Casa Grande de Nuestra Señora de la Merced, fundado por el mercedario Pedro Nolasco inmediatamente después de la conquista de Sevilla, en 1248. Este primer convento fue reconstruido prácticamente en su totalidad a principios del siglo XVII por el arquitecto Juan de Oviedo. En 1835 sería desamortizado y, poco después, iniciaría su andadura como museo. Como tal ha recibido distintas intervenciones, la última de ellas en los primeros años noventa del siglo XX, que lo ha dejado en su estado actual. El edificio que hoy se ve no ha perdido su vieja configuración cenobítica, a base de dependencias ubicadas alrededor de claustros. En él sobresale la magnífica escalera imperial que labrara Juan de Oviedo, así como la iglesia, de cruz latina, con una sola nave con bóveda de cañón y crucero coronado por una espléndida cúpula de media naranja sobre pechinas. Tanto la bóveda como la cúpula se encuentran profusamente decoradas con pinturas realizadas por Domingo Martínez en el siglo XVII. El acceso actual, conectado con el claustro del Aljibe, muestra la bella portada barroca que tenía la iglesia a sus pies, trasladada aquí en 1945. La práctica totalidad del edificio se articula en torno a este claustro y a otros dos, bastante más grandes y armoniosos, el de los Bojes y el Mayor.

Info

- Plaza del Museo, 9.
- 95 554 29 42.
- www.useodebellasartes sevilla.es
- En invierno, de martes a sábado, de 10 h a 20.30 h. En verano, de martes a sábado, de 9 h a 15.30 h. Domingo y festivo, de 10 h a 17 h todo el año. Lunes cerrado.
- General: 1,5 €. Gratuita para ciudadanos de la UE acreditados.

El Museo dispone de 14 salas, 5 en la planta baja y 9 en la alta. Sus colecciones son magníficas, con representación de la pintura española desde el Medievo hasta el siglo XX y muestras de la pintura europea de este mismo periodo, especialmente de la italiana y de la flamenca. Hay también un magnífico conjunto de esculturas que abarcan las mismas épocas, entre las que sobresalen las de artistas sevillanos de la talla de Joaquín Bilbao, Lorenzo Coullaut Valera, Delgado Brakembury o Antonio Illanes. Espléndidas son igualmente las muestras de cerámica, con azulejería hispano-islámica y de la posterior escuela sevillana, tan conocida y hermosa. Aunque toda la pintura es interesante, cabría destacar el conjunto dedicado a Murillo en la antigua iglesia, catalogada como sala V, en la que se han reunido la mayor parte de los lienzos pintados para el antiguo convento de Capuchinos, igualmente desaparecido con la Desamortización, con la inolvidable Inmaculada del coro, conocida como *La Niña.* De Valdés Leal se han reunido, en la sala VIII, las que quizás sean sus mejores obras, con lienzos como *Las Tentaciones de San Jerónimo,* o el que representa a un grupo de monjes del monasterio de San Jerónimo de Buenavista. El romántico sevillano Antonio María Esquivel se encuentra muy bien representado en la sala XIII, en la que se guardan también diversos lienzos de los hermanos Bécquer. Espléndido es igualmente el amplio conjunto de obras de Zurbarán que se conservan en la sala X, con obras procedentes de distintos conventos de Sevilla desamortizados, entre las que sobresalen las procedentes de la Cartuja de Santa María de las Cuevas. Junto con la exposición permanente, cada vez son más frecuentes las exposiciones temporales que tocan temáticas actuales o muestran facetas menos conocidas de pintores de gran relieve.

◄ El Museo de Bellas Artes ocupa el Real Convento Casa Grande de Nuestra Señora de la Merced y es fundamental para conocer la pintura barroca sevillana y la andaluza del siglo XIX.

CONFITERIA LA CAMPANA
FRUTAS EN ALMIBAR

La Campana

9

Hay pocos sitios en Sevilla que sepan tanto a sí mismos. La Campana existe desde hace muy poco en los mapas de la ciudad, pero desde siempre en la memoria de todos los sevillanos. Y no nos referimos a la confitería La Campana, sino al cruce de calles que lleva desde la calle Laraña hasta la plaza del Duque.

Hasta hace muy poco tiempo La Campana no era una calle, era una zona. La calle en cuestión se llamaba *de los Pasteleros* en relación con las muchas confiterías y pastelerías que había por los alrededores.

En esta zona también se encontraba el almacén con todo lo imprescindible para apagar un incendio, con su campana que era tocada para solicitar la colaboración ciudadana. Poco a poco, los repiques de este artilugio, y seguramente también la fama de la conocida confitería que lleva su nombre, cambiaron el nombre al lugar.

La Campana es el punto más significativo de la vida de la ciudad. Cruce de caminos y de vidas que van corriendo, paseando, comentando o simplemente observando cómo va cambiando la zona en función de los tiempos. De los negocios de una época solo queda la confitería antes citada, con sus dulces de siempre. Los demás locales han ido cambiando, dando paso a tiendas de última moda o locales de comida rápida. Antiguamente era un área llena de tráfico, pero, tras las últimas reformas urbanísticas, es hoy una zona de paseo.

El ritmo diario va aumentando conforme van pasando las horas, en relación inversa con el caminar de la gente. Y es que, sobre todo, La Campana es zona de paseo y compras.

Por aquí van pasando las estaciones, dejando su huella y sus olores: en otoño las castañas asadas; conforme llega la primavera la miel va endulzando el ambiente, unido al azahar de los naranjos; con el calor las calles de los alrededores se cubren de blanco, y con la llegada del otoño todo se vuelve a repetir.

La Campana es también donde empieza la carrera oficial de las hermandades durante la Semana de Pasión. «La entrada en Campana» se tiene que realizar en un horario bien preciso, que se sigue de manera minuciosa, por el cabildo de horas que situado en el banquillo va controlando que todo discurra a su debido tiempo. Además, su ingreso se realiza de forma majestuosa, siguiendo rituales ancestrales, que cada año, aunque se repitan, son diferentes.

◀ La confitería La Campana, que permanece a lo largo del tiempo, es solo uno de los puntos clave de esta zona tan querida por los sevillanos.

10 El río Guadalquivir

¡Oh Guadalquivir!
te vi en Cazorla nacer
hoy en Sanlúcar morir.
Un borbollón de agua clara,
debajo de un pino verde,
eras tú, ¡qué bien sonabas!
Como yo, cerca del mar,
río de barro salobre,
¿sueñas con el manantial?

Antonio Machado, *Nuevas canciones*

El espejo en el que se mira la ciudad, ya desde épocas primitivas ha sido el habitante más importante que en ella ha residido. Desde sus orígenes desempeñó el papel de puerto fluvial y puente entre el océano Atlántico y el interior de la región andaluza. La Sevilla primitiva nació allí donde el cauce del río dejaba de ser navegable para las grandes embarcaciones. Las excavaciones arqueológicas permiten afirmar que el asentamiento humano se hizo estable hacia el siglo IX a.C. Durante siglos, analistas y eruditos reclamaron para Hércules, el más popular de los héroes mitológicos, el honor de haber marcado con seis pilares de piedra el lugar donde Julio César fundaría la ciudad de Sevilla, a la que llamó *Iulia Rómula Híspalis*.

Los griegos lo llamaron Tharsis, los romanos Betis, y los árabes *al-wadi al-Kabir,* o como todos hoy lo

conocen Guadalquivir. No fue siempre un visitante amigo, siendo frontera e invasor en numerosas ocasiones. Las crecidas del río inundaban sus orillas y los barrios más cercanos. Se tienen constancia escrita de sus catástrofes ya desde el siglo XV, siendo la última la del 2010, aunque en este caso solo causó daños a las tierras cultivadas junto a su cauce, y no a la ciudad como antaño ocurría. En sus orillas hay zonas de recreo, deportivas o para pasear. Si el tiempo lo permite, las terrazas situadas a ambas orillas son el lugar perfecto para detenerse y disfrutar de su compañía. Desde finales del siglo XIX los puentes visten su cauce, y los hay para todos los gustos: clásicos como el puente de Triana, románticos como el antiguo puente de hierro (elevadizo) o contemporáneos como el puente de la Barqueta o el puente del Alamillo del conocido arquitecto Calatrava.

El Guadalquivir nace en la provincia de Jaén y desemboca en Sanlúcar de Barrameda, junto al Parque Nacional de Doñana. Desde la capital hispalense el río es navegable hasta llegar al mar. Además de naves de cargo que desembarcan sus mercancías en el puerto de Sevilla, hay también embarcaciones de recreo y naves de crucero que suben el río. Actualmente hay varios proyectos urbanísticos para revalorizar sus muelles y orillas, desde la construcción de un puerto con su zona comercial para recibir a las grandes naves de crucero, hasta un acuario en los muelles de la ciudad.

▼ El río Guadalquivir con el puente de San Telmo y la Torre del Oro como telón de fondo.

Visita a Sevilla

Aroma de azahar

Sevilla

Sevilla cuenta con tres monumentos declarados Patrimonio Mundial por la Unesco, lo que no es poco si se tiene en cuenta que España ocupa el segundo lugar en las calificaciones de este organismo. Lo mejor para visitar Sevilla sería tener tiempo para poder tomárselo con calma y caminar, gastando las mejores horas de esta ciudad.

LA SEVILLA ESENCIAL

EL ALCÁZAR **

La imagen de los alcázares es un conjunto de edificaciones de estilo árabe, mudéjar, gótico y renacentista, en el que se insertan y superponen, a lo largo de toda la historia y hasta nuestros días, reformas, ornamentos y pequeños elementos de decoración, que permanecen como huella testimonial de la moda de una época o del gusto estético de un monarca. Es, junto con la Giralda, el legado musulmán más importante de Sevilla.

Al igual que la catedral, o el ayuntamiento, es una obra inconclusa y las excavaciones siguen mostrando cada poco un nuevo patio o trozo oculto de muralla. Hay indicios de una importante construcción romana y de la posterior ubicación de un asentamiento militar bárbaro.

En el año 712, nada más llegar los árabes a Sevilla, se instaló aquí un alojamiento para jefes guerreros. Se levantaron varios recintos, destacando la llamada **casa de los Príncipes,** que en el siglo IX extendía sus murallas desde la plaza del Triunfo hasta el barrio de Santa Cruz.

En el siglo XI se añadió el Alcázar o palacio de las Bendiciones y en el XII los almohades, constructores de la nueva mezquita y la Giralda, añadieron **patios** y **palacios.**

Tras la Reconquista, Fernando III se instala en el viejo palacio musulmán y la historia del edificio queda ligada desde entonces a los reyes castellanos. Alfonso X el Sabio lleva a cabo las primeras reformas, construyendo tres salones góticos, que entroncan con el gótico cisterciense.

Alfonso XI crea la **sala de la Justicia,** junto al **patio del Yeso,** aún en pie, y la decora con yeserías, siendo este el **artesonado** mudéjar más antiguo de Sevilla.

Pero el verdadero creador del nuevo alcázar es Pedro I, que ideó un palacio cerrado sobre sí mismo, ocupando el suroeste de los emplazamientos del alcázar antiguo.

Planificación de la visita

En **La Sevilla esencial** se concentra buena parte de los monumentos de la ciudad.

Una **segunda alternativa** la constituye el laberíntico **barrio de Santa Cruz** (la **Sevilla del mito**).

Unas **tercera** y **cuarta opciones,** si se prefiere caminar por espacios abiertos y áreas ajardinadas, sería comenzar por la **glorieta de San Diego** y el **parque de María Luisa,** con las edificaciones de la Exposición Iberoamericana de 1929 (la **Sevilla romántica** y **de principios del siglo XX**), y retornar al centro por la ribera del Guadalquivir o seguir hacia la **Torre del Oro (Sevilla, capital de dos mundos).**

En **Otros lugares de interés** se indican otros hitos recomendables como el **barrio de la Macarena,** el de **Triana** o **el Museo de Bellas Artes,** entre otros.

Finalmente, en **La herencia de la Expo** se describe el modernísimo conjunto de edificios públicos y **puentes** que fueron construidos con motivo de la Exposición Universal de 1992.

Para facilitar la visita se dispone en las páginas 30-31 y 32-33 de dos **planos** en los que se señalan los lugares más destacados y los principales barrios y vías de comunicación de la ciudad. El símbolo ◉ remite a la localización en el plano.

Las estrellas (* o **) hacen referencia a la importancia o especial interés de los monumentos.

SEVILLA / I

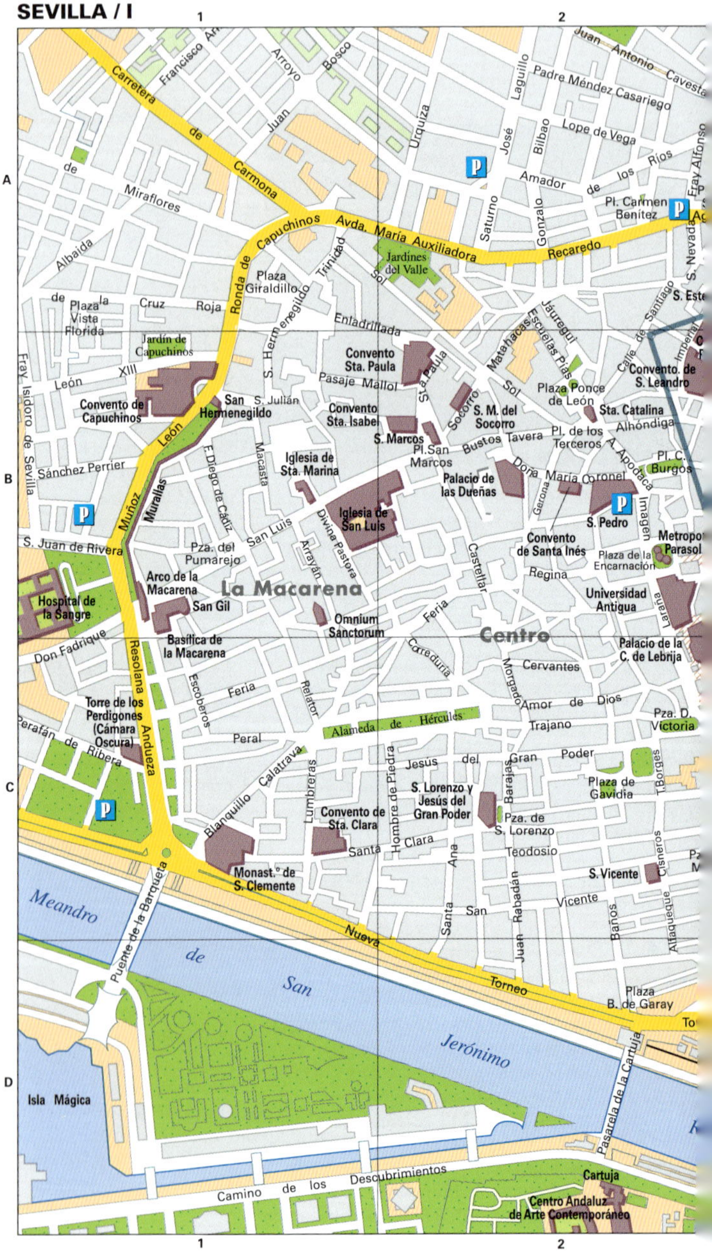
1
2
A
B
C
D
Carretera de Carmona
Francisco
Arroyo
Bosco
Juan
Urquiza
Juan Antonio Cavestany
Padre Méndez Casariego
Laguillo
Lope de Vega
José
Bilbao
Amador de los Ríos
Fray Alfonso
Pl. Carmen Benítez
Saturno
Gonzalo
de Miraflores
Albaida
Ronda de Capuchinos
Avda. María Auxiliadora
Recaredo
Trinidad
Jardines del Valle
Sol
S. Nevada
Plaza Giraldillo
S. Hermenegildo
Enladrillada
S. Este
de la Cruz Roja
Plaza Vista Florida
Jardín de Capuchinos
Matahacas
Escuelas Pías
Jáuregui
Calle de Santiago
Imperial
Fray Isidoro de Sevilla
León XIII
Convento de Capuchinos
San Hermenegildo
S. Julián
Convento Sta. Paula
Pasaje Mallol
Sta. Paula
Socorro
Plaza Ponce de León
Convento de S. Leandro
Convento Sta. Isabel
S. M. del Socorro
Sta. Catalina
Alhóndiga
León
S. Marcos
Pl. San Marcos
Bustos Tavera
Pl. de los Terceros
A. Apodaca
Pl. C. Burgos
Sánchez Perrier
F. Diego de Cádiz
Macasta
Iglesia de Sta. Marina
Palacio de las Dueñas
Doña María Coronel
Murallas
Muñoz León
Iglesia de San Luis
Gerona
S. Pedro
Imagen
Metropol Parasol
S. Juan de Rivera
San Luis
Divina Pastora
Arrayán
Pza. del Pumarejo
Convento de Santa Inés
Plaza de la Encarnación
Castellar
Regina
Hospital de la Sangre
Arco de la Macarena
La Macarena
San Gil
Universidad Antigua
Laraña
Omnium Sanctorum
Feria
Centro
Don Fadrique
Basílica de la Macarena
Correduría
Palacio de la C. de Lebrija
Resolana
Escoberos
Morgado
Cervantes
Feria
Relator
Amor de Dios
Torre de los Perdigones (Cámara Oscura)
Alameda de Hércules
Pza. D. Victoria
Trajano
Perafán de Ribera
Peral
Andueza
Calatrava
Jesús del Gran Poder
T. Borges
Lumbreras
Hombre de Piedra
Barajas
S. Lorenzo y Jesús del Gran Poder
Plaza de Gavidia
Blanquillo
Convento de Sta. Clara
Pza. de S. Lorenzo
Santa Clara
Teodosio
Ana
Cisneros
Monast.º de S. Clemente
S. Vicente
Puente de la Barqueta
Meandro de San Jerónimo
Santa
San Vicente
Juan Rabadán
Baños
Alfaqueque
Nueva
Torneo
Plaza B. de Garay
Pasarela de la Cartuja
Isla Mágica
Camino de los Descubrimientos
Cartuja
Centro Andaluz de Arte Contemporáneo

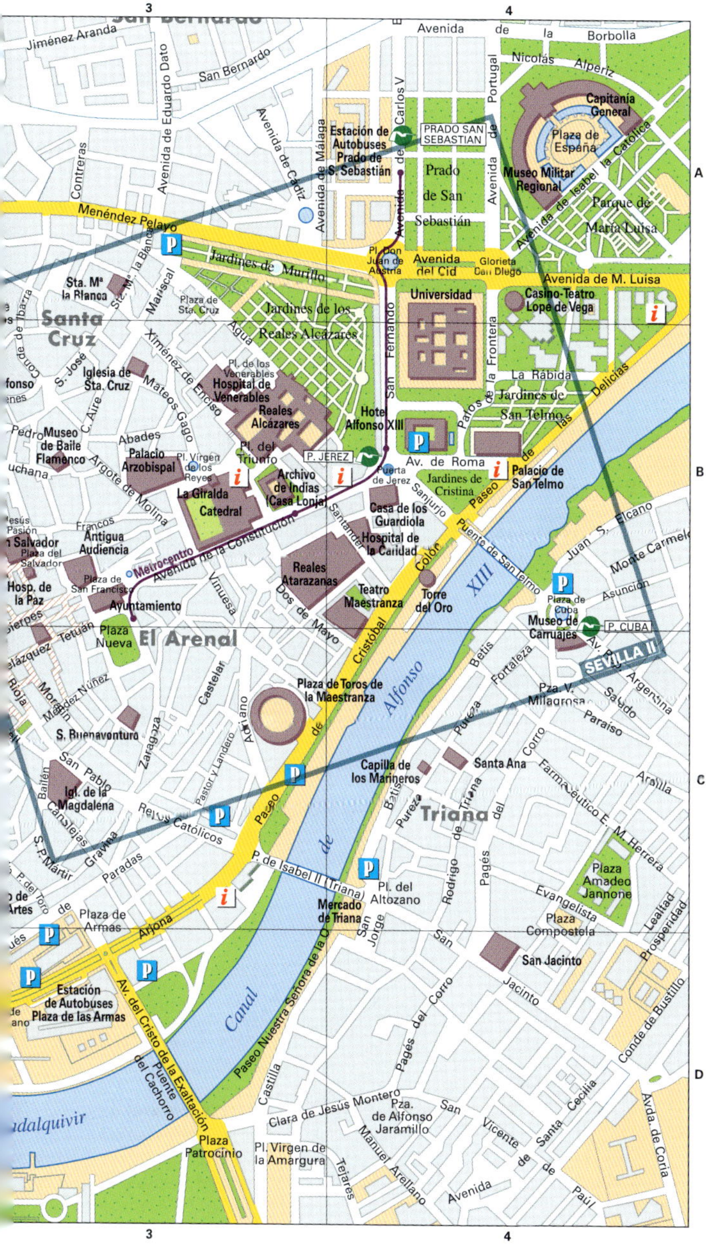
3
4
A
B
C
D
San Bernardo
Jiménez Aranda
San Bernardo
Avenida de Eduardo Dato
Contreras
Avenida de Cádiz
Avenida de Málaga
Avenida de Carlos V
Estación de Autobuses Prado de S. Sebastián
PRADO SAN SEBASTIAN
Prado de San Sebastián
Avenida de Portugal
Avenida de la Borbolla
Nicolás Alperiz
Capitanía General
Plaza de España
Museo Militar Regional
Avenida de Isabel la Católica
Parque de María Luisa
Menéndez Pelayo
Jardines de Murillo
Pl. Don Juan de Austria
Avenida del Cid
Glorieta San Diego
Avenida de M. Luisa
Universidad
Casino-Teatro Lope de Vega
Sta. Mª la Blanca
Sta. Mª la Blanca
Mariscal
Plaza de Sta. Cruz
Santa Cruz
Jardines de los Reales Alcázares
Agua
San Fernando
Conde de Ibarra
S. José
Iglesia de Sta. Cruz
Ximénez de Enciso
Mateos Gago
Pl. de los Venerables
Hospital de Venerables
Reales Alcázares
Hotel Alfonso XIII
Palos de la Frontera
La Rábida
Jardines de San Telmo
Paseo de las Delicias
C. Aire
Museo de Baile Flamenco
Abades
Palacio Arzobispal
Pl. Virgen de los Reyes
Pl. del Triunfo
P. JEREZ
Puerta de Jerez
Av. de Roma
Jardines de Cristina
Palacio de San Telmo
Argote de Molina
Archivo de Indias (Casa Lonja)
La Giralda
Catedral
Sanjurjo
Casa de los Guardiola
Santander
Hospital de la Caridad
Francos
Antigua Audiencia
Avenida de la Constitución
Metrocentro
Salvador
Plaza del Salvador
Plaza de San Francisco
Hosp. de la Paz
Ayuntamiento
Vinuesa
Dos de Mayo
Reales Atarazanas
Teatro Maestranza
Colón
Torre del Oro
Puente de San Telmo
XIII
Alfonso
Juan S. Elcano
Monte Carmelo
Asunción
Plaza de Cuba
Museo de Carruajes
P. CUBA
SEVILLA II
Tetuán
Plaza Nueva
El Arenal
Castelar
Cristóbal
Betis
Fortaleza
Av. Rep. Argentina
Rioja
Méndez Núñez
Plaza de Toros de la Maestranza
Adriano
Pza. V. Milagrosa
Salado
Paraíso
S. Buenaventura
Zaragoza
Pastor y Landero
Pureza
Corro
San Pablo
Igl. de la Magdalena
Capilla de los Marineros
Santa Ana
Farmacéutico E. M. Herrera
Arcilla
Reyes Católicos
Paseo
Batiste
Triana
Rodrigo de Triana
Pagés del Corro
Gravina
Paradas
P. de Isabel II (Triana)
Pl. del Altozano
Plaza Amadeo Jannone
Evangelista
Plaza Compostela
Lealtad
Prosperidad
Plaza de Armas
Arjona
Mercado de Triana
San Jorge
San Jacinto
Estación de Autobuses Plaza de las Armas
Av. del Cristo de la Expiración
Canal
Paseo Nuestra Señora de la O
Conde de Bustillo
Puente del Cachorro
Guadalquivir
Castilla
Clara de Jesús Montero
Pza. de Alfonso Jaramillo
San Vicente de Paúl
Santa Cecilia
Avda. de Coria
Plaza Patrocinio
Pl. Virgen de la Amargura
Manuel Arellano
Tejares
Avenida de Santa Cecilia

B II, B3

Reales Alcázares de Sevilla

Patio de Banderas, s/n.

95 450 23 24.

www.patronato-alcazar sevilla.es

De octubre a marzo, todos los días de 9.30 h a 17 h. De abril a septiembre, todos los días de 9.30 h a 19 h.

General: 8,75 €. Entrada gratuita para estudiantes, pensionistas, discapacitados y residentes en Sevilla.

Patrimonio Mundial Unesco

En 1364 Pedro I da la orden de erigir el primer palacio suntuario que habitaría un monarca castellano, hasta entonces siempre protegido tras un castillo defensivo.

Para su edificación el rey contó con artesanos locales y con los nazaríes, enviados por Muhamad V desde Granada, así como con carpinteros mudéjares de Toledo.

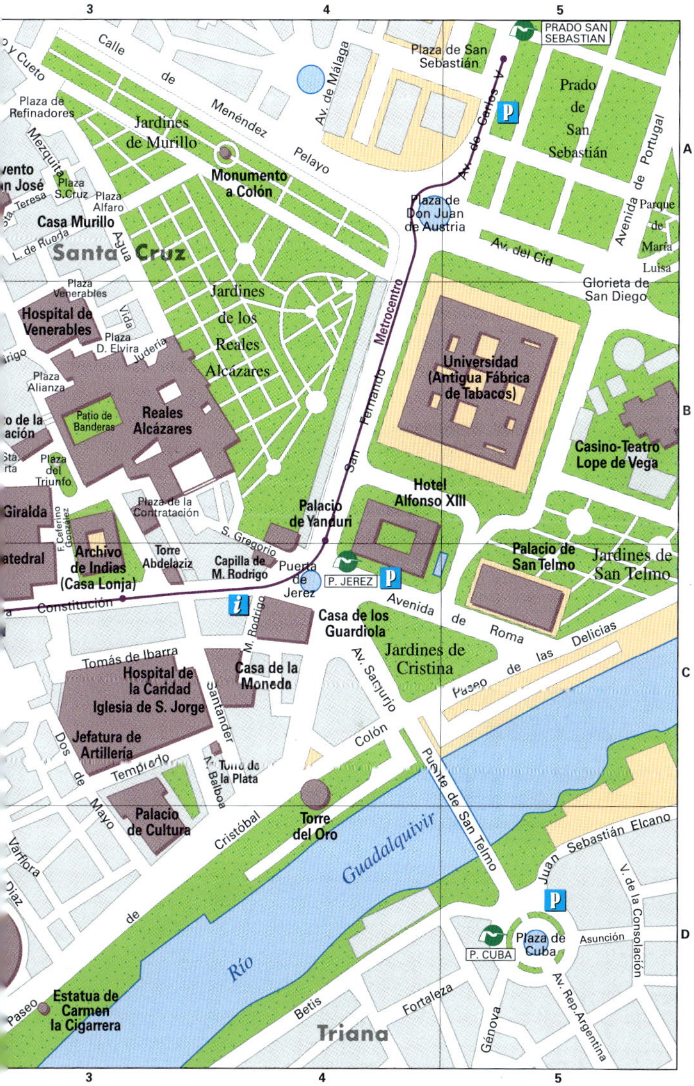

La huella de estos grupos ha quedado patente en todo el edificio pero es en la **portada,** con forma de retablo, donde se halla el ejemplo de esta diversidad de elementos, de cuyo esplendor solo se ha perdido el deslumbrante recubrimiento en oro. Esta fachada y los jardines que rodean el alcázar son los puntos de mayor interés de la visita.

De las posteriores reformas y ampliaciones se destacan: la **capilla** gótica, con retablo de azulejos de Niculoso Pisano; las realizadas en el siglo XVI con motivo de la boda en el alcázar de Carlos V; las ejecutadas en la sala inferior, con una curiosa combinación de estilos y una profunda huella tanto del renacimiento como del manierismo imperantes en dicha centuria; y también el **apeadero,** el **patio de la Montería** y los **grutescos** de los jardines, que realizaron los Conde-Duque de Olivares, alcaides de la fortaleza.

Tras el célebre terremoto de Lisboa en 1755 se realizaron importantes reformas dieciochescas, de la mano de Lucas Cintoria, según trazas del holandés Sebastián van der Bosch, el cual añadió un retoque barroco en el **patio del Crucero,** construyó el **salón de Tapices** y el **pórtico** que precede a los salones de Carlos V.

También se encuentran controvertidas aportaciones, como las que llevaron a cabo los duques de Montpensier en el siglo XIX, durante el reinado de Isabel II. Estos son, sin duda, tiempos cercanos para los sevillanos, que aún evocan en las coplas los avatares vividos por los habitantes de palacio en el siglo XIX; sirva como ejemplo la tan llorada tonadilla del *Romance de la Reina Mercedes*, fugaz esposa de Alfonso XII.

Atravesada la **puerta del León,** sobre la muralla almohade del siglo XII, se entra en el espacio que separaba la ciudad del palacio, denominado patio de la Montería, y de aquí, pasando el triple arco, al **patio del León,** donde se alzan las filigranas magistrales del palacio del rey Don Pedro.

Para entender la distribución de las dependencias se recuerda la concepción oriental con la que se diseñaron

▼ El Real Alcázar de Sevilla fue declarado Patrimonio de la Humanidad en 1987.

los palacios árabes del siglo XII. Es un esquema clásico, que distribuye los espacios en dos zonas, una dedicada a la vida pública y oficial y otra reservada a las habitaciones privadas. En el de Sevilla, la zona oficial corresponde al **patio de las Doncellas** y las dependencias de su entorno, y el espacio privado es el que rodea el **patio de las Muñecas,** mucho más pequeño y familiar. Las dos zonas se cruzan en el **salón de Embajadores.**

Aunque solo la planta baja es original del palacio, hay una segunda planta, que actualmente es la residencia habitual de los reyes y jefes de estado cuando visitan la ciudad. Para acceder a esta planta es necesario volver al patio del León, donde se encuentra una **escalera,** que data de los tiempos de Carlos V y que está decorada con azulejos del siglo XVI.

También desde el patio del León se tiene acceso a lo que en su día fue la **Casa de la Contratación,** fundada por Isabel la Católica y en la que, a buen seguro, se fraguaron los planes para los más célebres viajes de los descubridores, incluyendo el que culminó Magallanes con la primera vuelta al mundo.

Los salones que se encuentran en el otro extremo del patio son una construcción del siglo XVIII, levantada sobre los restos de un palacio gótico, del que subsisten los llamados baños de María de Padilla, la capilla y el salón de Carlos V.

Se recomienda la visita a los **jardines** de los Reales Alcázares, ya que se trata de ejemplares excepcionales de jardines árabes, renacentistas y modernos.

Los más próximos al palacio fueron realizados en época renacentista y se distribuyen en muros, decorados con fuentes y portadas manieristas. En ellos destaca el gran **estanque,** en el que se encontraba la figura de Mercurio, de Diego de Pesquera, fundida por Bartolomé Morel en 1576; la **galería del Grutesco;** y el llamado **jardín de la Danza,** junto al cual se hallan los **baños de Doña María de Padilla,** donde la leyenda sitúa la sensualidad de los

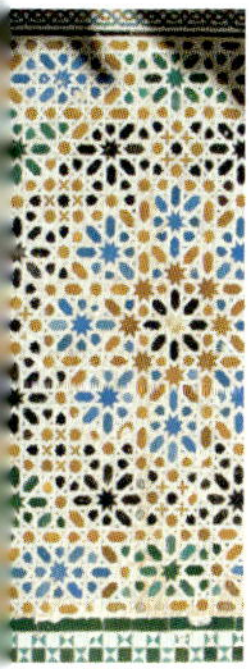

◀ Cada detalle y cada rincón del Alcázar de Sevilla es motivo de asombro y admiración.

amores reales y el terror de las ejecuciones ordenadas en estos sótanos por Pedro I el Cruel.

Donde se combina lo mejor de la tradición árabe con la renacentista es en los llamados **jardines del Príncipe,** con una fuente central de Neptuno, y **del Naranjal,** con templete manierista. El Naranjal se remonta a los tiempos de Pedro I pero fue adaptado para las bodas de Carlos V; aquí se encuentra la fuente del León y el **pabellón de Carlos V,** con el más perfecto y rico **artesonado** de todo el alcázar. Asegura la tradición que fue aquí donde murió el patrón de la ciudad, Fernando III el Santo.

Los restantes jardines son más modernos y en algunos aparece el nombre y escudo de Alfonso XIII. Este rey desplazó el **jardín de Troya,** o de los Laberintos, en 1910 por razones de púdica moral, ya que desde los balcones de palacio se veían escenas deshonestas.

Desde estos jardines se pasa al **patio de Banderas,** llamado así porque aquí se exponían las banderas cuando algún rey residía en palacio; es una plaza ancha, que viene a ser como la plaza de armas del alcázar.

| ANTIGUA CASA LONJA O ARCHIVO DE INDIAS

El origen de su construcción se encuentra en la ingente actividad mercantil que vivió Sevilla poco después del Descubrimiento. Las inmediaciones del alcázar viejo, donde se hallaba la Casa de la Contratación, se abarrotaban de gente, ávida de empleo, prebendas y ventajas, por lo que se hizo necesario tomar medidas de fuerza para alejar aquella algazara de las puertas.

La muchedumbre buscó refugio y punto de encuentro en las gradas pero, como en días de calor o de lluvia se refugiaba de la intemperie en la catedral, fue, entonces, la iglesia la que protestó para que se tomaran medidas; los propios teólogos decidieron que se levantara una hermosa cruz de mármol rojizo, que aún está en la puerta de San Cristóbal, para que los tratantes juraran allí el cum-

II, B-C3
Archivo de Indias
Avda. de la Constitución, 3.
95 450 05 28.
En invierno, de lunes a viernes, de 8 h a 15 h. En verano, de 8 h a 14.30 h. Exposiciones, de lunes a sábado, de 9.30 h a 17 h; domingo, de 10 h a 14 h.

Patrimonio Mundial Unesco

plimiento de sus compromisos verbales; pero tampoco sirvió y la iglesia tuvo que aguantar hasta que en 1572 el arzobispo Cristóbal de Rojas consiguió que Felipe II aprobara la construcción de un edificio destinado a Lonja de Mercaderes, actualmente Archivo General de Indias.

Juan de Minjares comenzó las obras en 1583, siguiendo las trazas de su maestro Juan de Herrera. El resultado fue un monumental palacio, que respondía a la versión renacentista de las lonjas medievales y que supuso un cambio radical en los diseños imperantes. Hoy es símbolo del imperio de ultramar de la Sevilla americana y ha sido declarado Patrimonio de la Humanidad por la Unesco, en el que se guarda el archivo más importante del mundo, después del Archivo Vaticano.

▲ El Archivo General de Indias ocupa la antigua Casa Lonja de Mercaderes, que fue levantada a finales del siglo XVI por Juan de Minjares sobre planos de Juan de Herrera.

El edificio tiene planta cuadrada con dos pisos, alegre patio central y columnas dóricas, respondiendo más al gusto sevillano que al sello de Herrera. Fue lonja hasta que en 1785 Carlos III decidió unir en un solo edificio toda la documentación referente al Nuevo Mundo, que estaba repartida por España, y adoptó la medida de convertirla en **Archivo de Indias.**

En la esquina de la avenida con la **calle Santo Tomás** se encuentra, escondido entre modernas edificaciones, el **torreón** almohade **de Abd-El-Aziz,** hijo del caudillo conquistador, que se casó en Sevilla con la viuda del rey Don Rodrigo, Doña Egilona. Esta torre formaba parte del alcázar y enlazaba con la muralla general de la ciudad. Según la tradición, fue en ella donde se puso el estandarte del rey San Fernando, el 23 de noviembre de 1248, cuando los cristianos recuperaron Sevilla después de 537 años de dominio musulmán.

La calle Santo Tomás debe su nombre a que aquí estuvo la Universidad de Santo Tomás, abierta hasta el siglo XVIII y derribada en el siglo XIX para hacer el ensanche de la avenida de la Constitución. Frente al archivo se encuentra un edificio del siglo XVIII, que es copia exacta de la Lonja; se trata del antiguo Almacén de Granos o Casa del Diezmo, antigua sede del **Museo de Arte Contemporáneo,** trasladado a la Cartuja.

II, B3
Plaza del Triunfo

PLAZA DEL TRIUNFO

Es una plaza ajardinada y muy tranquila (en expresión de Baroja «parece un decorado de teatro»), en cuyo centro se erige el **monumento a la Inmaculada,** obra de Coullaut Valera, pero el nombre de la plaza se debe a la artística **cruz del triunfo,** que se levanta ante la fachada trasera del Archivo de Indias. Está colocada justo en el lugar donde el clero y los fieles salieron a concluir una misa de Todos los Santos, que había sido interrumpida por las sacudidas del terremoto que tuvo lugar en 1755.

LA CATEDRAL **

Cuando Fernando III conquistó la ciudad en 1248, 300.000 judíos y árabes tuvieron que abandonarla y la gran mezquita fue consagrada como catedral hasta el siglo XV. En 1401 se dispuso que se levantara en su lugar una gran catedral gótica. Las obras se llevaron a cabo sin ayuda económica del rey y duraron 125 años.

La construcción del nuevo templo sevillano fue dirigida, fundamentalmente, por maestros franceses y alemanes, que rechazaron la tradición local del ladrillo para realizarla completamente en piedra. Como la obra duró muchos años, en ella se nota ya la influencia avasalladora del renacimiento italiano del siglo XVI. Esto explica que se encuentren rasgos góticos, neogóticos y renacentistas, como base de los añadidos posteriores.

Tiene nueve puertas, bien distintas en fecha y factura artística, las cuales van a servir de punto de referencia para organizar la visita.

La propuesta que en este itinerario se hace es la de seguir el muro árabe, que lleva al **patio de los Naran-**

II, B-C3
Catedral de Sevilla
Avda. de la Constitución, s/n.
902 099 692.
www.catedraldesevilla.es
En invierno, lunes de 11 h a 15.30 h; de martes a sábado, de 11 h a 17 h; domingo de 14.30 h a 18 h. En verano, lunes de 9.30 h a 14.30 h; de martes a sábado, de 9.30 h a 16 h; domingo de 14.30 h a 18 h.
General: 8 €. Reducida: 3 €. Entrada gratuita para menores de 16 años, discapacitados, desempleados y residentes en Sevilla.

Patrimonio Mundial Unesco

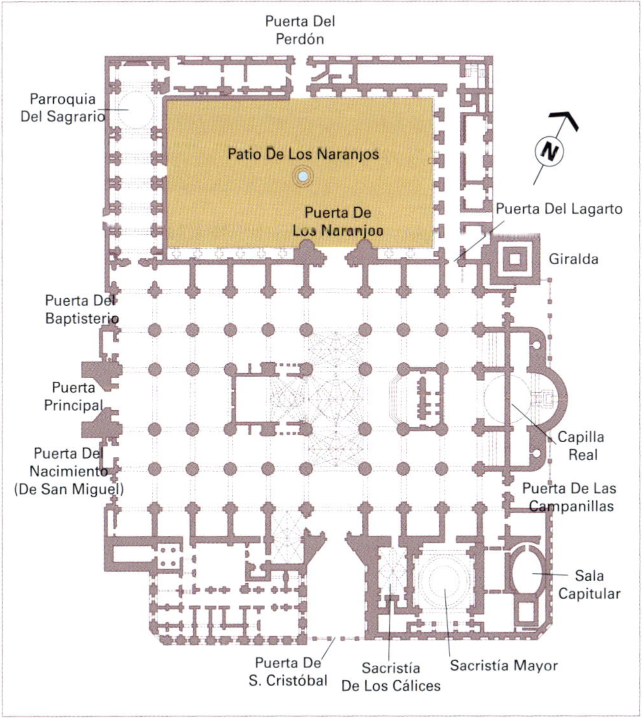

II, B-C2
Patio de los Naranjos

▶ En la siguiente página, tres estampas del interior de la catedral de Sevilla.

▼ Turistas paseando por el centro de Sevilla.

jos por la calle Alemanes hasta la puerta del Perdón, y abandonar la visita por la avenida de la Constitución.

Antes de entrar en el patio de los Naranjos se contempla la cara exterior de la **puerta del Perdón,** con decoración de **yeserías** platerescas, realizadas en 1522 por Bartolomé López, y un **bajorrelieve** de *La expulsión de los mercaderes del templo,* un **grupo de la Anunciación** y las **esculturas de San Pedro y San Pablo,** todas ellas de Miguel Florentín. Las **hojas** de la puerta son de madera de alerce, revestidas en bronce y con inscripciones cúficas. Destacan los dos **aldabones,** de bronce fundido y cincelados con bella labor de atauriques calados.

El patio es el antiguo *sahn* de la mezquita y se conservó íntegro hasta 1618, cuando se derribó el ala este para hacer la iglesia del Sagrario. En este patio se conservan primitivas **arcadas,** algunas de ellas reconstruidas en tiempos recientes, y un **templete** central, que tiene una fuente en medio con una pila de la antigua catedral visigoda y, quizás, con basamento romano.

También está aquí el **púlpito** de piedra, lugar de tradición para el sermón del domingo de Ramos y desde el que predicaron, entre otros muchos, San Juan de Ávila, San Francisco de Borja y San Vicente Ferrer.

A mano derecha, en el lado estrecho del patio, sobre el emplazamiento de las antiguas galerías de la mezquita y rompiendo la armonía de las arcadas, se encuentra la **iglesia del Sagrario,** un edificio neoclásico, construido como capilla catredalicia en el siglo XVII. En su ***interior*** destaca la riqueza escultórica de las gigantescas **estatuas** del siglo XVII, firmadas por José de Arce, que representan a los Evangelistas y Doctores de la Iglesia. Son interesantes también los adornos en yeso de las bóvedas y la historia del **retablo mayor,** bastante desconcertante porque, al parecer, es una réplica casta del original que fue censurado por «fantasioso y calenturiento».

Atravesando el patio y de frente se encuentra la última puerta que queda de la mezquita, es la llamada **puerta de Oriente,** los Naranjos o la Concepción. Es una puerta de un gótico sorprendente porque es una obra del siglo XX, realizada por Casanova; comunica con los brazos del crucero del templo y es la única que no tiene salida a la calle.

Al este, en las dependencias que se abren al muro de la epístola de la catedral, se encuentra la **Biblioteca Colombina,** de singular importancia para el curioso y el investigador porque contiene miles de manuscritos, códices, incunables, libros de horas de los siglos XII, XIV y XV, y los cerca de 3.000 volúmenes donados por el hijo de Cristobal Colón, entre los manuscritos se afirma que se encuentran las ideas geográficas y el misterio de los planes que sirvieron de base para el viaje del Descubrimiento. Dentro de la catedral está también la valiosa **Biblioteca Capitular,** que cuenta con un patrimonio de 60.000 tomos.

Se sugiere entrar en la catedral por la **puerta del Lagarto,** denominada así porque de su arco apuntado cuelgan varios objetos sorprendentes, entre ellos un cocodrilo de tamaño natural, cuyo significado se desconoce pero consta que ya en el siglo XV se pintaba el cocodrilo de verde y que en los siglos XVII y XVIII se descolgaba para limpiarlo; el que ahora se ve es una réplica en madera del disecado original.

Aunque esta nave se conoce como la del Lagarto, en realidad es la de Granada porque aquí esta la recoleta **capilla** de la Virgen del mismo nombre, donde se venera al Cristo de los Escobones, así llamado porque se atendía con el dinero que quedaba de la venta de las escobas viejas de la iglesia. Aquí impartía Antonio de Nebrija sus clases de humanidades.

▲ Portada de las Campanillas, sobre estas líneas, y portada del Bautismo, a la derecha. Catedral de Sevilla.

El ***interior*** del templo ocupa un rectángulo de 116 m de largo por 76 m de ancho. No se conoce el nombre del autor de las trazas iniciales porque fueron destruidas con el incendio del antiguo alcázar de Madrid, pero se supone que corresponden a Alonso Martínez, maestro mayor de la catedral entre 1386 y 1394.

Lo que sí está documentado es que Alonso Rodríguez puso en 1506 la última piedra, una atrevida clave de cimborrio que rozaba el primer nivel de la Giralda. Ese mismo año se derrumbó, por lo que no hubo más remedio que rebajar la altura, obra que llevó a cabo el maestro de la catedral de Salamanca. En 1888 un terremoto hundió de nuevo el crucero. Posteriormente, se aumentó la superficie del templo en unos 20 m, cuando se añadió en la cabecera la Capilla Real.

El arquitecto Isambret diseñó las cinco naves góticas con gran crucero, en el que se encuentra la Capilla Mayor.

La **Capilla Real,** en la cabecera de la catedral, ocupando el lugar del ábside gótico, la inició Martín Gainza en 1551 en estilo renacentista, la continuó Hernán Ruiz y la concluyó, en plateresco, Juan de Maeda.

Sobre el altar mayor se encuentra una **imagen** de la patrona de la ciudad, la *Virgen de Los Reyes,* del siglo XIII, y una **urna** de plata, que regaló Felipe V en 1771 para guardar el cuerpo incorrupto del rey San Fernando. A ambos lados están las **tumbas** de Alfonso X el Sabio y de su madre, Beatriz de Suabia. Detrás está la **cripta,** con los restos de Pedro I el Cruel y su esposa, María de Padilla.

▲ Portada del Perdón, a la izquierda, y portada del Príncipe o de San Cristóbal, a la derecha. Catedral de Sevilla.

Destacan también las **imágenes** de las mártires trianeras, Santa Justa y Santa Rufina, y la **reja** del cierre, financiada en 1711 por Carlos III.

En la esquina opuesta de esta cabecera del templo se encuentra la **sala capitular,** de planta elíptica, según proyecto de Hernán Ruiz, concluida por Juan de Minjares. El aspecto final es claramente de estilo manierista.

En la bóveda figura un excepcional **conjunto pictórico,** realizado por Murillo en 1668, presidido por una imagen de la Inmaculada Concepción.

El centro de la catedral lo ocupa un conjunto espectacular, formado por la capilla mayor y el coro.

La **capilla mayor** está cerrada por tres magníficas **rejas** platerescas, del siglo XVI, en hierro dorado, y es uno de los puntos más sorprendentes del templo, con un **retablo** de 20 m de alto por 13 m de ancho que, además de ser el más grande en dimensiones, es una de las obras más importantes del arte de la cristiandad. El diseño es de 1482 y corresponde a Pierre Dancart. Es un retablo gótico florido, que necesitó casi un siglo para poder concluir los 45 paneles de escenas religiosas. Destaca en el centro de la parte inferior la *Virgen de la Sede,* bellísima **escultura** gótica del siglo XIII.

El **coro** está cerrado con una **reja** impresionante, de estilo renacentista. La **sillería** es gótica, con 117 sitiales, obra de Nufro Sánchez, ampliada más tarde por Dancart.

Entre los **relieves** se pueden ver representaciones de la primitiva iglesia de Santa María la Mayor. Los **ór-**

▲ *Alegoría de la Inmaculada Concepción,* de Luis Vargas. Catedral de Sevilla.

ganos, que están enfrentados, son obra de Luis de Vilches y datan del siglo xviii, con esculturas de Duque Cornejo.

En el muro colindante con el patio se puede ver la **capilla de la Magdalena,** y su **retablo** renacentista, de Alejo Fernández, con un *Noli me tangere* en el que se ve la Giralda antes de la reforma del campanario; otro **retablo** de Hernando de Esturmio, también de mediados del siglo xvi; y **vidrieras,** de Arnao de Flandes.

La puerta de los Naranjos está flanqueada por dos pequeñas **capillas,** la **de Nuestra Señora de Belén,** a la izquierda, con una pintura de la Virgen, de Alonso Cano, y la **de las Doncellas** o de la Anunciación, con una **reja** renacentista y un **retablo** del siglo xviii, que conserva algunas tablas del siglo xvi, de Cristóbal de Morales.

La siguiente **capilla,** si seguimos avanzando hacia el fondo del templo, es la **de San Francisco,** en cuyo **retablo** barroco, de Simón de Pereda, se muestra el impresionante **lienzo** de *La apoteosis de San Francisco,* firmado por Herrera el Mozo en 1657, y arriba, una excelente muestra del arte pictórico de Valdés Leal.

Se encuentran a continuación la **capilla de Santiago** y la **capilla de Scalas.** De gran importancia es la Virgen de Granada, un **relieve** del siglo xv, en barro cocido policromado, atribuido al florentino Andrea della Robbia. En la pared norte se halla la **capilla de San Antonio,** o capilla Bautismal, que destaca especialmente porque aquí se encuentran dos cuadros de Murillo, llamados *El bautismo de Cristo* y *La visión de San Antonio de Padua*, lienzo este último que se cataloga como uno de los más importantes del autor.

A continuación está la parroquia del Sagrario, en la que sobresale un impresionante *Descendimiento,* de Pedro Roldán.

Al lado de esta parroquia se puede ver la estatua de la Fe, el auténtico **Giraldillo,** cobijado aquí desde que se realizaron los últimos trabajos de restauración de la Giralda en los años 80.

A la izquierda de la Puerta Mayor destaca el **altar del Santo Ángel,** con el cuadro El *ángel de la Guarda,* de Murillo; y enfrente, el **sepulcro de Hernando Colón,** el segundo hijo del descubridor.

Por último, antes de abandonar los pies del templo, destaca el magnífico **altar del Nacimiento,** junto a la puerta del mismo nombre.

Cambiando de muro se recorren las **capillas de San Laureano,** con notables **vidrieras;** la **de Santa Ana** o del Cristo de Maracaibo, con dos **retablos,** uno gótico de gran belleza y otro de 1914, en el que hay un Cristo del siglo xvi; la **de San José,** donde está el **lienzo** llamado *Los desposorios de la Virgen,* de Valdés Leal; la

de San Hermenegildo, con un **retablo** del siglo xviii, de Martínez Montañés; y se llega a la **capilla de la Virgen de la Antigua**, cerrada con una **reja** renacentista y un **retablo** de mármol enmarcando una imagen del siglo xiv. Esta reja marca el lugar donde estaba el muro de la mezquita.

Las siguientes capillas, ya en el crucero, están a ambos lados de la **puerta de la Lonja** o de **San Cristóbal,** que siempre se llamó la puerta del **Príncipe.**

Justo enfrente de esta puerta está el **sepulcro de Cristóbal Colón,** un mausoleo romántico, terminado por Arturo Melida en el año 1900, formado por cuatro grandes estatuas, vestidas con dalmáticas de castillos y leones, que llevan en hombros la parihuela con la caja del difunto. El féretro contiene restos humanos pero no se sabe con certeza a quién corresponden.

Se llega a la **sacristía de los Cálices,** pasando por la **capilla de los Dolores,** con altar barroco. La sacristía muestra un bellísimo gótico, con bóvedas de crucería, y está presidida por el *Cristo de los Cálices,* de Martínez Montañés. Este espacio es un valioso **museo** en miniatura, donde está el lienzo de las *Santas Justa y Rufina,* de Goya. La **sacristía mayor** contiene el **tesoro** de la catedral, para cuya visita es necesario adquirir una

▼ Las columnas y cadenas delimitaban el espacio sagrado donde todo aquel que entraba tenía derecho de asilo.

Las gradas: derecho de asilo

Las gradas son esas escalinatas que rodean la catedral y la ciñen con columnas y cadenas. Son anteriores al edificio gótico y se mandaron construir en el año 1392, año de gran calamidad para el campo, con el fin de poder ofrecer un salario a los jornaleros hambrientos.

Durante el tiempo de los árabes y resto de la Edad Media fueron sede de comercios importantes. Tras el Descubrimiento, cuando Sevilla era el primer emporio de Europa, se convirtieron en punto de refugio y encuentro de gentes procedentes de cualquier lugar del mundo, buscadores de barco, de carga, de empleo, vendedores, contratistas, prestamistas agentes de los banqueros, así como de todo el mundillo de pícaros avispados; aquí se negociaba todo y, una vez ajustado el trato, se pasaba a formalizarlo a la Casa de la Contratación, que entonces se hallaba en las inmediaciones del alcázar viejo.

Las columnas proceden del antiguo templo de San Bartolomé el Viejo y sirven para sujetar las cadenas que delimitan el derecho de asilo de la iglesia. Esto significa que cualquiera que llegara a situarse en el interior del espacio delimitado por las gradas gozaba de la misma inmunidad frente a la justicia que si se hallara en el interior del templo. Este recinto defensivo se ha mantenido como tal a lo largo de la historia. Siguió sirviendo para los estudiantes perseguidos por la policía durante la dictadura del general Franco y, aún hoy, sirve de asilo para manifestantes y huelguistas llegados de la provincia.

entrada; se accede por la capilla de San Andrés, en el principio de la pared sur. Fue trazada por Diego de Riaño, con un excelente logro de nuevo arte renacentista. Está presidida por un altar con reliquias, sobre el que se encuentra el famoso *Descendimiento,* de Pedro de Campaña, y junto a este una *Santa Teresa,* de Zurbarán. Del tesoro destaca la **custodia,** de Juan de Arfe, y un enorme **tenebrario,** de Morel.

La visita concluye con la **capilla de la Purificación,** o del Mariscal, que abre paso a diversas dependencias. En la capilla destaca el **retablo** de Pedro de Campaña.

Se aconseja abandonar el templo por la salida que da a la avenida de la Constitución, la Gran Vía de la Sevilla de la posguerra y donde se encuentra la **fachada principal** de la catedral.

En el centro de esta fachada, que en realidad es la de los pies, se encuentra la **puerta** principal **de la Asunción,** conocida también por la de los Reyes y Arzobispos, que solo se abre en contadas y solemnes ocasiones. Se realizó en el siglo pasado en dos etapas, la primera entre 1829 y 1831 bajo la dirección del arquitecto Fernando Rosales, y otra, bastante después y mucho más larga, en la que Ricardo Bellver llevó a cabo el **relieve** del tímpano y 80 figuras de santos. Como se ve por las hornacinas, que aún quedan vacías, tampoco se acabó en el siglo XIX y hoy sigue siendo una obra inconclusa. La **puerta del Bautismo,** por la que se ha salido, y la **del Nacimiento,** situadas en ambos extremos de este lado oeste, son más pequeñas y datan del siglo XV. Las dos están profusamente decoradas con figuras de barro cocido. La primera es obra de Lorenzo Mercadante de Bretaña; y la segunda, de Pedro Milán aunque también tiene figuras de Mercadante, como son los cuatro Evangelistas, San Laureano y San Hermenegildo. Esta salida también se conoce como puerta de los Seises porque da a parar justo enfrente del lugar donde estaba el colegio del mismo nombre y donde convivían los canónigos con los seises en régimen de escuela medieval. Estos niños, los seises, pertenecen a una institución que existe desde el siglo XIII y que, aún hoy, bailan dentro de los oficios corales tres veces al año, vestidos con un curioso atuendo, que se va modificando de acuerdo con las aportaciones de los siglos. Es algo muy peculiar y de gran belleza.

En esta avenida se encuentran las **gradas,** fuertemente relacionadas con la construcción del impresionante edificio de la antigua Casa Lonja.

II, B3
La Giralda

LA GIRALDA **

La Giralda, reconocida como el emblema por excelencia de la ciudad, es el **alminar** de la antigua mezquita mayor almohade.

La mezquita mayor, diseñada, según se cree, por el arquitecto Gerver, matemático al que se atribuye la invención del álgebra, fue construida por los almohades en el siglo xii, etapa de gran esplendor para los árabes andaluces porque acabaron con la rapiña, la tiranía y el fanatismo religioso de los almorávides, que arrasaron las bibliotecas y no permitieron otra lectura que no fuera la del Corán.

La iniciativa de edificación de la Giralda se debe al gran constructor de la época, el sultán Abu Yusuf Yacub, y la construcción, a los arquitectos Aben Baso, que la diseñó, y Benzoar, que dirigió las obras.

A la muerte del ilustrado sultán, su hijo dio un giro definitivo a la construcción, encomendándosela a Ali de Gomara, sobrino de Aben Baso, que prefirió prescindir de los sillares de piedra y emplear solo ladrillo cortado. La torre se concluyó finalmente con 82 m de altura, dos de los cuales están ahora enterrados por posteriores superposiciones y cuatro desaparecidos al quitar la balaustrada y las almenas cuando se realizó el añadido cristiano.

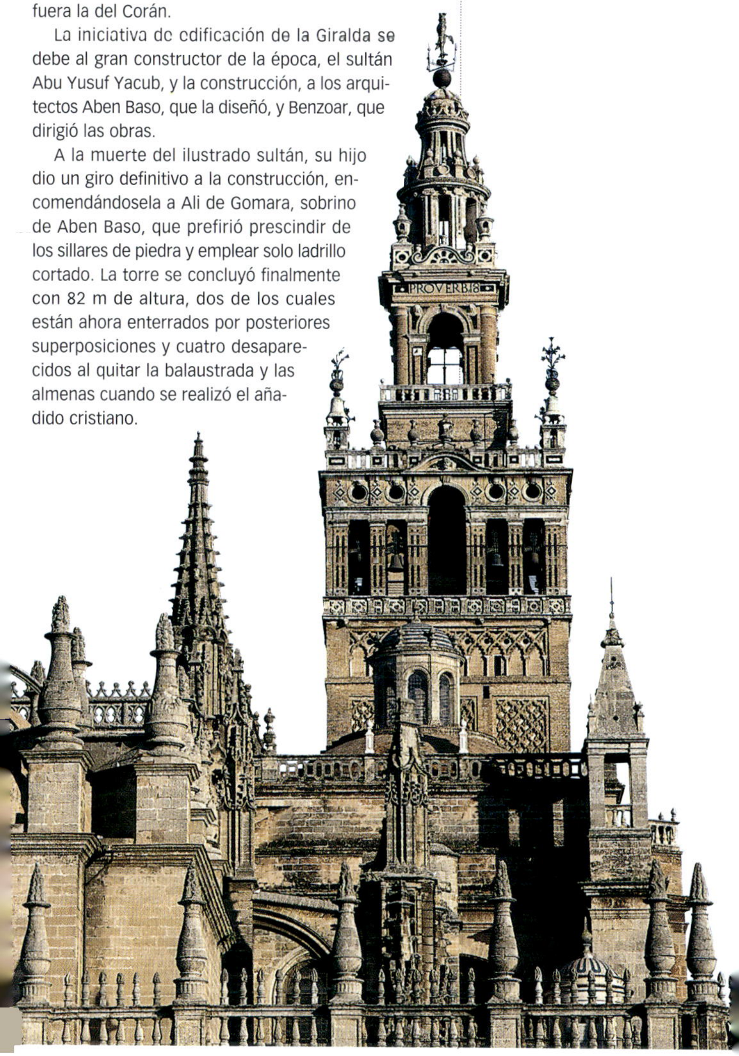

▼ La Giralda, hermosa vigía y testigo de la animada vida urbana de la capital hispalense.

Nacimiento e inmortalidad de la Giralda

Según se cuenta, para poder construir una mezquita que, según un historiador árabe, era la mayor de cuantas se habían proyectado hasta entonces y de la que en la actualidad solo queda su alminar, esto es, la Giralda, y dado que el subsuelo de Sevilla no podría aguantar una edificación de esta envergadura, los almohades decidieron enterrar todos los restos de los edificios romanos y visigodos, así como las estatuas de civilizaciones anteriores, para construir y colocar una plataforma a quince metros de profundidad, que se extiende desde el Postigo del Aceite, en el Arenal, hasta más allá de la parroquia de Santa Cruz, en Mateos Gago.

La torre nació por iniciativa de un sultán cultivado pero, según se cuenta, su inmortalidad en el tiempo se debe a la sensibilidad artística del príncipe cristiano Don Alfonso. La leyenda dice que cuando los jefes musulmanes negociaron la rendición de Sevilla en 1248 pidieron permiso para destruir la mezquita y el alminar antes de permitir que cayeran en manos de los cristianos. Cuando esto llegó a oídos de Alfonso X el Sabio, se enfureció tanto que amenazó con matarlos a todos a puñaladas si se atrevían a tocar una sola teja de la mezquita o un ladrillo de la torre.

El repiqueteo de la Giralda aún sigue siendo espectacular, aunque ahora suena a golpe de botón y electricidad.

▲ Grabado de la Giralda.

Quedó coronada por cuatro enormes **manzanas** de cobre dorado, desiguales y superpuestas, que con el sol debieron de resplandecer en la lejanía como enormes bolas de fuego. Era la torre más alta desde donde el *almuecín* llamaba a los fieles a la oración.

Las manzanas doradas se desplomaron a causa de un terremoto; para sustituirlas los cristianos erigieron un pequeño campanario, que perduró hasta que en 1558 el arquitecto Hernán Ruiz comenzó la construción del actual **cuerpo de campanas,** dispuesto como una serie de templetes.

El conjunto, que alcanzó los 103 m con la torre superpuesta, se remató con cuatro jarras de azucenas de bronce en las esquinas, el llamado «cupullín», en significativo homenaje al marianismo de la ciudad, otro cuerpo llamado de Estrellas, y uno más, de Carambolas.

Culminando el conjunto se dispuso una **estatua** de bronce, apoyada sobre un globo, representando la Victoria de la Fe en Cristo, que gira sobre un eje, a pesar de sus 128 kilos de peso. Esta veleta es una bella imagen, fundida por Morel, según diseño de inspiración italiana atribuido a Luis de Vargas. Esta estatua representando la fe pronto se denominó **Giraldillo,** de donde deriva el nombre de Giralda.

Para algunos la estatua de la Fe es el símbolo de la Sevilla contrarreformista, arrasadora de iluminados y aniquiladora de herejes luteranos porque la Giralda es también símbolo del espíritu de Trento, de la tiranía clerical y de las sombras de la Inquisición. Se trata de una figura femenina con túnica renacentista, escudo guerrero en una mano, palma al viento en la otra, con nombre masculino, tan pesada y, sin embargo, tan grácil y ágil como un pájaro.

La Giralda tuvo también un **reloj**, el primero en una torre que hubo en España, y lo sigue teniendo aunque el actual data de 1764. Se destaca este punto porque hasta hace unos años la ciudad tuvo dos horas, la oficial, la del meridiano de Madrid, que marca el reloj del ayuntamiento, y la de Sevilla, marcada por el reloj de la Giralda. Esto fue así en función de un privilegio catedralicio, que permitía a la iglesia tener un horario propio.

Se puede visitar y subir por las 35 rampas de recorrido suave, que, según se cree, se diseñaron así para permitir que el primer *almuecin*, demasiado anciano, pudiera ascender montado a caballo para hacer su *azalá*. Más tarde también lo hizo el caballo de Fernando III el Santo. Desde arriba se obtiene una magnífica vista panorámica.

▲ Detalle de la Giralda.

| PLAZA VIRGEN DE LOS REYES **

II, B2
Plaza Virgen de los Reyes

Este punto del itinerario marca un hito porque es el eje del kilómetro cuadrado de mayor densidad de testimonios históricos, superpuestos y de mayor evidencia monumental de la ciudad.

El visitante se encuentra ante el **Palacio Arzobispal**, un bello edificio barroco, reconstruido sobre el solar del primitivo del siglo XIII, del que se conservan escasos restos. Posee una importante **fachada** barroca, realizada por Lorenzo Fernández de Iglesias en el siglo XVIII. En el ***interior*** se pueden destacar la bella **escalera** de jaspes, algunos **lienzos** de los célebres pintores Zurbarán, Murillo, Herrera el Viejo, Valdés Leal y Velázquez.

Su riqueza artística fue mermando poco a poco hasta que resultó definitivamente aniquilada después de que el Mariscal Soult lo conviertiera en el cuartel general de las tropas napoleónicas.

Fue este un tiempo triste para Sevilla porque el saqueo afectó a importantes casas-palacio, iglesias y conventos, cuyos tesoros salieron definitivamente de esta ciudad para ir a formar parte de museos ingleses y franceses.

Frente al Palacio Arzobispal se encuentra el **convento de la Encarnación**, casi oculto por los naranjos. La

▲ Detalles del interior
▼ de la iglesia colegial
de San Salvador.

II, B3
Plaza de Santa Marta

capilla ocupa una parte de lo que fuera la mezquita de los Osos, adaptada en el siglo XIV para formar parte del hospital de Santa Marta.

El ***interior*** muestra un **retablo** neoclásico y numerosas **esculturas** y **pinturas** de los siglos XVII y XVIII. Estas religiosas venden al público retales de oblea y hostias sin consagrar.

En el exterior, rodeando la fachada, se encuentra muy escondida, a mano izquierda, la entrada de un callejón sin salida, que termina en la **plaza de Santa Marta**, una de las más secretas y encantadoras placitas de la ciudad.

Desde el centro de la plaza Virgen de los Reyes, dando la espalda a la fuente y a su espectacular **farola,** se obtiene la visión más insólita de la fachada trasera de la catedral, con las dos **puertas** que acompañan la cabecera exterior de la capilla real, llamadas **de las Campanillas,** o de las Palmas, y **de la Adoración de los Reyes,** más conocida como puerta de Palos porque era por donde se introducían los materiales de las obras. Ambas son de Perrín, góticas con elementos renacentistas, decoradas en el siglo XVI por Miguel Florentín.

Se sugiere en este punto una visita, a poder ser nocturna, a la vecina calle Mateos Gago, que arranca de la plaza; su pequeña pendiente ofrece una bellísima imagen de la plaza con la Giralda y la catedral al fondo. Además, es una ocasión para degustar algunas de las más de 100 tapas variadas del *bar Giralda,* instalado en el número 1 de esta calle sobre el solar de unos antiguos baños árabes; o subir más arriba y aprovechar los vinos únicos, vino de naranja por ejemplo, de una pequeñísima y típica bodega, que se encuentra en la acera de la derecha.

Salimos de la plaza Virgen de los Reyes dejando la Giralda a nuestra izquierda y el Palacio Arzobispal a la derecha, para adentrarnos en Placentines, pequeño callejón que asciende hasta su encuentro con la calle Argote de Molina, importante vía para acceder a la **judería** y a la **morería.**

Placentines desemboca en la calle Francos, en cuyos escaparates, y en los de la contigua calle de Álvarez Quintero, aún se encuentran los complementos para la confección de los trajes regionales típicos, los viejos talleres de corsetería a medida, o de telas para las túnicas, cordones, cirios y demás complementos para confeccionar el hábito morado, que algunos sevillanos se imponen en cumplimiento de una promesa.

De la calle Francos, sale la calle Pajaritos, donde existe una lápida recordando que allí estuvo la **imprenta Cromberger,** una de las primeras de España.

PLAZA DE JESÚS DE LA PASIÓN *

Más adelante, la calle Francos nos conduce, tras atravesar la cuesta del Rosario, hasta la plaza de Jesús de la Pasión, que los sevillanos conocen como **plaza del Pan,** porque era aquí donde vendían el pan traído de la localidad de Alcalá de Guadaira. Es un rincón que conserva el sabor de lo que debió de ser el ambiente social del Siglo de Oro, un periodo tan felizmente inmortalizado en la literatura.

En la confluencia con la calle Lineros, más conocida como Puente y Pellón, se halla uno de los locales de alimentos típicos, muy concurrido por los visitantes de los alrededores porque es allí donde se seleccionan las mejores legumbres procedentes del resto de España.

II, B1
Plaza de Jesús de la Pasión

PLAZA DEL SALVADOR *

Caminando por la calle Córdoba, ya en el corazón de un entrañable y provinciano centro de compras de calles peatonales, se alcanza la entoldada plaza del Salvador, emblemática donde las haya. Aquí abren sus puertas tascas de tradición, como *La Alicantina,* que a simple vista no tiene nada de especial, pero que es tradicionalmente muy apreciada por los sevillanos, que, según cuentan, «no conocían las gambas a la plancha hasta que las trajo el alicantino», propietario del local.

La plaza está dominada por la imponente presencia de la **colegiata de San Salvador,** una iglesia soberbia, solo superada en Sevilla por la catedral. Sus cimientos se elevan sobre la que fue en la primera época musulmana la mezquita de Ibn Adabbas, del siglo IX, mezquita mayor hasta que se construyó la almohade.

II, B1
Plaza del Salvador

▼ Plaza del Salvador, con las terrazas y la colegiata del mismo nombre al fondo.

En la Reconquista los cristianos la convirtieron en iglesia colegial. El templo antiguo quedó muy dañado por los sucesivos terremotos y se impuso la necesidad de hacer otro de nueva planta.

El largo proceso de construcción del edificio abarca desde 1671 hasta su consagración en 1712, contando con una amplia nómina de arquitectos. Los recientes trabajos de restauración que sacaron a la luz un antiguo cementerio árabe, han devuelto todo su esplendor a este templo sevillano.

El ***interior*** está dominado por un **retablo** barroco, de clara influencia churrigueresca, situado en el altar mayor y alcanzando una altura equivalente a la de tres o cuatro pisos de un edificio moderno.

Llama la atención el **órgano** neoclásico y, más aún, la serie de **retablos menores,** excepcionales, además de por su belleza, porque con ellos se concluye la evolución de la arquitectura ligada a la madera, propia del siglo XVIII.

Cuenta con un espléndido patrimonio de **imágenes,** entre las que destacan: una *Virgen de las Aguas,* del siglo XIII, el *Cristo del Amor,* de Juan de Mesa, o el *Señor de la Pasión* y la imagen de *San Cristóbal,* ambas de Martínez Montañés, escultor perpetuado en el **monumento** que se encuentra en el centro de la plaza.

Conviene mirar con detenimiento el **tesoro** de la hermandad Sacramental de Pasión, donde se exhiben piezas de **orfebrería** y **bordados** muy representativos, para comprender la importancia que han tenido y siguen teniendo las más de 50 cofradías sevillanas en el desarrollo de las llamadas artes menores. Son piezas significativas para acercarse al mundo que rodea el fenómeno insondable de los pasos procesionales de la Semana Santa.

De la primigenia mezquita de Ibn Adabbas solo persiste parte del *sahn* o **patio de las abluciones,** que se observa ahora semienterrado, con columnas y capiteles de acarreo romano y visigodo.

El cuerpo inferior del **alminar** fue posteriormente rematado con un cuerpo de campanas barroco. Cabe mencionar ahora que es en este lugar, en el Salvador, donde todavía se puede encontrar el único campanero descendiente de la estirpe de los Mendoza, familia de largo linaje en las competiciones de repiqueteos malabaristas, que hasta bien entrado el siglo XX enfrentaban a los campaneros de los barrios y que, frecuentemente, acababan con sus vidas.

Era un peculiar y arriesgado juego consistente en colgarse del tiro del badajo y, en el máximo de la inercia que se podía conseguir, montarse en la campana y girar con ella 360 grados cuantas veces se pudiera.

▶ Tres estampas de la calle Sierpes, quizás la vía más concurrida por los sevillanos, inmersa siempre en el bullicio.

En el patio se encuentra también la pequeña **capilla de los Desamparados,** con decoración de estuco y azulejos.

A la salida del templo, giramos a la izquierda y embocamos la peatonal calle Sagasta, al comienzo de la cual se halla el **hospital de San Juan de Dios**, construido durante el año 1574 sobre unas casas que el capitán Bernardo Vega cedió a los religiosos de San Juan de Dios para hospital de ancianos enfermos.

Anexo al hospital se encuentra el **templo de los Hermanos de San Juan de Dios,** de una sola fachada, que da a la plaza del Salvador, en cuyo interior, de los siglos XVI y XVII, destacan las **yeserías** de la tribuna del coro, los **azulejos** que recorren los muros laterales, la **rejería** del púlpito, forjada y dorada con temas barrocos fechados en el año 1702, y el **retablo mayor,** de estilo neoclásico.

Si seguimos por Sagasta, llegaremos en unos minutos a la más famosa calle de Sevilla, la mítica Sierpes.

II, B-C1
Hospital de San Juan de Dios

I CALLE SIERPES

A pesar de las hondas transformaciones que ha sufrido Sevilla, la calle Sierpes, situada en el corazón del casco histórico y lugar de paso para casi todos los sitios, sigue siendo privilegiado observatorio para tomar el pulso a la ciudad. No sorprende por ancha, larga, o monumental, ni siquiera cuenta con un rincón que se pueda calificar de incomparable. Sin embargo, es la calle mas célebre de la ciudad y un lugar de aluvión, donde se ha ido condensando con los siglos la atmósfera de lo que, con razón o sin ella, se ha venido llamando covillano

Sierpes fue desde siempre calle principal y tesonera. En ella se ubicaba la Cárcel Real –donde hoy se levanta el **Círculo de Labradores**–, en la que estuvo preso Cervantes y donde se dice que empezó *El Quijote*. Cervantes describía la calle como un lugar donde se reunían todas las clases sociales de Sevilla. Siempre fue así, como un puerto franco. Aquí se sitúa el escenario de la fuga de Carmen, heroína de la ópera de Bizet, cuando logra escapar de la cárcel ayudada por don José. Azorín la plasmó como pasaje popular, plagado de barberías y limpiabotas, que aún se mantienen, y pequeños casinos desde cuyas cristaleras se veía pasar la vida los señoritos. También Baroja se sorprendió, y el premio Nobel, Cela, centra aquí la quintaesencia sevillana cuando la describe como bulliciosa y perezosa, urbana y campesina, lenta y sacudida a veces por el lento y dialéctico latigazo del *toma y daca.* No ha variado mucho. Fue el escenario hasta mediados del siglo XX de la compraventa e intercambio de reses, fincas, cosechas y contratas de la ganadería para las corridas de toros, negocios estos que se hacían en plena calle.

II, C1
Calle Sierpes

Sierpes: el monstruo devorador de niños

¿Por qué la denominación de Sierpes en una calle sevillana, cuando en Andalucía la serpiente es un animal fuertemente ligado a supersticiones bíblicas?

Uno de los encantos de esta arteria peatonal es que está salpicada de historias y leyendas, y debe su afamado renombre a que es una de las más referidas en la literatura a lo largo del siglo XVI. Entre estas historias se cuentan cerca de una decena de versiones, todas ellas plausibles, que explican la causa de que en una ordenanza de los Reyes Católicos figurara el auténtico nombre de Espaderos, que así se llamaba desde los tiempos de la Reconquista, junto al de Sierpes.

La leyenda preferida es la del monstruo devorador de niños, que sembró el pánico en los últimos años del siglo XV.

En aquel entonces, en esta calle se encontraba la Cárcel Real y demás dependencias carcelarias, cuyo subsuelo era un laberíntico trazado de cloacas romanas o árabes, bien conocidas por pillastres y presos fugados de la cárcel. Fue uno de ellos, un bachiller gallardo y valiente, llamado Melchor de Quintana, el que encontró el carnívoro monstruo, lo mató y vendió el secreto a cambio de su libertad con visado oficial.

El bachiller condujo a la autoridad desde la calle Entrecárceles hasta su celda, destapó la cloaca y llevó a la comitiva por las intrincadas galerías subterráneas hasta mostrar el cuerpo derrotado de un enorme dragón, que después resultó ser una serpiente de siete metros de largo.

Actualmente Sierpes es zona de trasiego, de animados bares de tapeo salpicando los rincones colindantes. En Sierpes y sus alrededores se concentra, también, lo más avanzado del comercio de Sevilla. Calles como Rioja, Jovellanos, Rivero, O'Donnell, Tetuán, Albareda o Rosario, todas ellas peatonales y, por tanto, sumamente agradables de recorrer, reúnen la mayoría de las firmas de prestigio tanto nacionales como internacionales que se han instalado en Sevilla.

Desde Sierpes, por la calle Jovellanos, prolongación de Sagasta, llegamos a la **capillita de San José**, uno de los más acabados ejemplos de la arquitectura barroca sevillana, antigua sede del gremio de carpinteros, en la que hay **retablos** y **esculturas** de gran valor.

II, C1
Capillita de San José

PLAZA DE SAN FRANCISCO *

II, C1-2
Plaza de San Francisco

La calle Sierpes termina en la plaza de San Francisco, escenario de torneos en la Edad Media, plaza de toros, lugar de ejecuciones públicas y también, más tarde, escenario de unos autos de fe que, por número y crueldad en el montaje, no tuvieron parangón en la cristiandad. Según las crónicas, en tiempos de la Inquisición se celebraba en esta plaza al menos una ejecución pública cada tres semanas, en un largo y complejo ritual al que asistían más de 20.000 personas. Los condenados, elegidos para dar ejemplo, eran conducidos en procesión, vestidos con sus mejores galas y mutilados o, excepcionalmente, asesinados allí mismo.

En el siglo XVI esta era la plaza más representativa de la ciudad. De ese tiempo es la fuente, de la que emerge una **estatua** del dios Mercurio, símbolo del comercio, realizada por Juan de Bolonia.

A un lado de la plaza se encuentra el Ayuntamiento de Sevilla, y al otro el antiguo **palacio de la Audiencia Real,** llamado durante los siglos XV y XVI la Casa Cuadra, por encontrarse donde los alcaldes medievales resolvían los pleitos civiles y criminales. Es una muestra arquitectónica que se cataloga dentro de lo que se llama «la Sevilla americana», y dispone de un vistoso **patio.** El palacio sirvió como audiencia hasta 1960, año en el que el tribunal territorial se desplazó al Prado de San Sebastián y es ahora la oficina principal de la Caja de Ahorros San Fernando.

Hoy la plaza de San Francisco sirve cada año para instalar las gradas o palcos para ver el paso de las procesiones en Semana Santa y la solemne exposición de la Santa Custodia el día de Corpus Christi. O es el escenario de la Feria del Libro y otros acontecimientos que cada año se encuentran en la agenda cultural de la ciudad.

▶ Plaza de San Francisco con la caja de ahorros de San Fernando al fondo, que ocupa el antiguo palacio de la Audiencia Real.

II, C1-2
Ayuntamiento
Plaza Nueva, 1.
www.sevilla.org

AYUNTAMIENTO

Al otro lado de la plaza de San Francisco se encuentra el Ayuntamiento, la gran construcción del plateresco en Sevilla, iniciada en 1527 por iniciativa del emperador Carlos V. Fue Diego de Riaño el autor del proyecto y su ejecutor en las primeras fases. A esta cara, la fachada es espléndida. En uno de sus extremos, a la izquierda según se mira, se sitúa el **arquillo** que servía de paso para el convento de San Francisco y que hoy comunica con la plaza Nueva, desde donde se accede al interior, pasando bajo la puerta que se encuentra debajo del reloj.

Especialmente interesantes son: el **vestíbulo,** con bellas muestras del goticismo de Diego Riaño, la **sala capitular baja,** la **capilla,** construida por Benvenuto Tortello en 1571, la **escalinata central,** la **escalera del archivo,** plateresca, y la **cúpula** renacentista, realizada por Hernán Ruiz, autor también del remate de la Giralda. La **sala capitular,** o salón de sesiones, es obra de extremada belleza. La **techumbre** es una bóveda plana de piedra, con artesonado de casetones en los

El Arquillo y la plaza de San Francisco

Este pequeño arco sirve de túnel del tiempo para retroceder varios siglos y comunicar con la interesante densidad histórica que se concentra en la plaza de San Francisco, desde la que se puede ver en todo su esplendor la riqueza arquitectónica del Ayuntamiento.

Para conocer los antecedentes de este hay que remontarse a la etapa de apogeo del emperador Carlos I, el cual acudió a Sevilla en marzo de 1526 para casarse con la infanta Isabel de Portugal. La ciudad entonces era la capital marítima y mercantil de España, época en la que se construyeron conventos y hospitales, así como las casas-palacio de la nobleza, convirtiéndose Sevilla en modelo europeo de urbanismo, arquitectura y arte.

Hasta entonces, y desde los tiempos de San Fernando, la sede del Concejo de Sevilla estaba en unas casas situadas en el Corral de los Olmos pero era un espacio muy reducido, compartido, además, con el cabildo eclesiástico, y muy poco digno para la arrogancia de la nueva vida de una ciudad que articulaba desde el Guadalquivir el más grande emporio internacional.

La idea de su construcción fue propiciada por el emperador Carlos I, eligiéndose el lugar que ocupaban las antiguas pescaderías, inservibles desde los tiempos de los Reyes Católicos.

Como detrás estaba el convento de San Francisco, fue necesario dejar un paso de comunicación con el exterior, lo cual se hizo construyendo el Arquillo, que sirviera para entrada y salida de frailes y, asimismo, como apeadero para que el asistente, los regidores y los jurados pudieran detener sus coches en época de lluvia, ya que se encontraba contiguo a la sala de fieles ejecutores del Tribunal de la Inquisición, tribunal que tenía la plaza como escenario mayor para sus terribles espectáculos.

Las obras se encargaron a Diego de Riaño, mientras que las del pasadizo y la mencionada sala del Tribunal de la Inquisición fueron llevadas a cabo por su sucesor, Juan Sánchez. Las esculturas de Hércules y Julio César, legendarios fundadores de la ciudad, que ahora se ven en las hornacinas que flanquean el arco, se realizaron en la restauración del siglo XIX.

que se hallan representados los retratos de los reyes anteriores a la construcción del edificio en el siglo XVI.

En esta planta se encuentra también el **salón Colón,** destinado a recepciones y actos culturales, y las dependencias del valiosísimo **archivo.** De todo lo expuesto sobresale la orfebrería de las **mazas** de plata, realizadas por Francisco de Alfaro, y el **pendón** de la ciudad, de la segunda mitad del siglo XV.

También es ocasión para contemplar un **lienzo** de Juan Espinal, fechado en 1760, en el que se representa a las patronas Santa Justa y Santa Rufina, mártires trianeras de los tiempos del apóstol Santiago.

II, C1-2
Plaza Nueva

PLAZA NUEVA

La fachada del Ayuntamiento que da a esta plaza se encuentra remozada al gusto decimonónico, en puro estilo neoclásico y con un controvertido resultado estético. No obstante, esta plaza destaca por ser uno de los lugares de mayor belleza de entre todos los que aún siguen siendo centros neurálgicos en la actividad cotidiana de Sevilla. Presidida por un **monumento** ecuestre **del rey San Fernando,** patrón de la ciudad, es sede del ayuntamiento, de algunas oficinas centrales de bancos, y eje de los núcleos comerciales más activos a lo largo del siglo XX. Uno de los edificios más significativos es el de la Telefónica, construido entre los años 1926 y 1928, por Juan Talavera, situado en el lado de la izquierda.

En líneas generales, la configuración de la plaza es la que tuvo desde su inauguración en 1852.

Puede considerarse como la plaza Mayor de la capital, replicando un esquema frecuente en las villas andaluzas en el que es el **reloj** de la casa consistorial el que marca la hora oficial y el pulso de la vida de los ciudadanos a través de los años.

El monumento ecuestre se levantó en el año 1924 según un proyecto también de Juan Talavera, el arquitecto más representativo y destacado del neobarroco sevillano. La estatua del rey es obra del escultor Joaquín Bilbao, y el caballo es objeto de chistes y chirigotas callejeras no siempre reproducibles en texto escrito.

En el basamento se encuentran cuatro **esculturas,** tres de personas relacionadas con la Reconquista y toma de la ciudad y otra de Alfonso X el Sabio, esta última de Enrique Pérez Comendador.

La leyenda atribuye a este rey el lema del escudo de la ciudad, «NO me ha dejaDO», que se simboliza con una madeja.

También se ha dicho que la madeja es un nudo castellano antiguo, que representa los fuertes lazos que ligaban a este rey con una ciudad tan fiel.

Lo cierto es que el «NO&DO» se encuentra en todos los rincones, basta con observar las tomas del agua para riego en el suelo, las puertas de los taxis o los autobuses urbanos.

El terreno de la plaza Nueva y la avenida de la Constitución fue cauce del río hasta la época visigoda. Esto explica que cuando se edificaron el hotel Inglaterra y los edificios colindantes se encontraran restos de barcos romanos y cimientos de muelles, lo cual testifica la antigua ubicación de un puerto.

La dominación de los almorávides incorporó a la ciudad esta tierra, desecada por los visigodos, y en el siglo XIII, tras la Reconquista, fue donada por el rey Fernando

▼ Este lema, que forma parte del escudo de Sevilla, se puede encontrar en muchos lugares como en la puerta de los taxis.

▲ La plaza Nueva, donde se ubica el Ayuntamiento, hace las veces de plaza Mayor.

III el Santo a la orden franciscana, que construyó su convento Casa Grande, llegando a ser el mayor de todos los de España. El convento fue destruido durante la invasión francesa, parcialmente reconstruido y definitivamente eliminado a mediados del XIX, dejando el terreno libre para la plaza tras la desamortización de Mendizábal.

El único vestigio que se ha consevado de tan importante convento, dedicado a la formación de los misioneros que partían hacia América, es la **capilla de San Onofre,** que se encuentra justo al lado del edificio de Telefónica.

Es esta una capilla semioculta entre edificios modernos, muy poco visitada por los sevillanos y, sin embargo, célebre por sus historias de fantasmas.

La capilla está abierta en horas de culto y merece la pena la visita por su **retablo mayor,** del siglo XVIII, obra de Bernardo Simón de Pereda, con esculturas de la escuela de Pedro Roldán, y por el **retablo de San Onofre,** situado en el muro izquierdo, de Martínez Montañés.

La noche en Sevilla

▲ Al llegar la noche, Sevilla cobra un encanto especial al adornar sus monumentos con luces doradas, verdes... De izquierda a derecha y de arriba abajo, puente de Triana y la feria de Sevilla. Al centro, la Giralda, el Museo de Artes y Costumbres Populares y la plaza de España. Abajo, la torre del Oro y el puente de la Barqueta.

LA SEVILLA DEL MITO

BARRIO DE SANTA CRUZ **

▲ Tradicionales balcones con geranios en el popular barrio de Santa Cruz.

II, A-B2-3
Barrio de Santa Cruz

Es un barrio repleto de leyendas de arte, de amor, de fe o de muerte, que se renuevan en cada paseo, refrescadas en la memoria por el evocador nombre de sus calles. Algunas son del tiempo de los judíos, otras, de andanzas de amor y caballería, de gentes de armas, de jóvenes atrevidos e, incluso, de reyes, como los sucesos que, según cuentan, vivió aquí Pedro I.

Como la sensualidad escapa a cualquier plan preconcebido, lo mejor es adentrarse en el barrio sin prisas, incluso prescindiendo de las pautas de la guía. En alguna medida las casas encaladas, las rejas, los patios... parecen ideados para el encuentro casual de los visitantes perdidos.

La entrada se efectúa por el patio de Banderas. Es un paso porticado cubierto, muy al uso judío, que recibe el nombre oficioso de **Callejón de los Suspiros** y es parte de la calle de la Judería, la entrada de uno de los tres núcleos del gueto judío.

El trazado de las calles sigue siendo en lo sustancial el que tuvo cuando formaba parte de la Aljama sevillana. Son judías las angosturas de las calles, los patinillos y las fachadas encaladas.

La evolución urbanística del barrio ha sido constante desde el tiempo de los romanos. El espacio de Santa Cruz formaba parte de la romana ciudad rectilínea y se encontraba en las proximidades del *cardus,* o vía principal de la calle Abades.

El consabido desapego germano por el urbanismo no dejó huella pero los árabes lo transformaron en un barrio de pasos tortuosos y estrechos, que surgían irregularmente, sin planificación. A los árabes se debe la interiorización de las casas, donde la condición social de su morador quedaba encerrada tras fachadas y puertas, que no permitían desvelar nada. El barrio continuó siendo tortuoso con el renacimiento artístico pero fue el tiempo de la extroversión. Las fuentes públicas medievales, pegadas a los muros, se desplazaron al centro de las plazas, se ampliaron algunas calles y las puertas se derribaron para convertirse en una fachada exterior, que se prolongaba en el patio interior. Quedó así convertido en un barrio de casas renacentistas sobre planta medieval. El barroco, con la idea urbanística de que los decorados tienen una función, desarrolló esta extroversión con el coloreado de las casas. Algunas de ellas lo mantienen.

El barrio sufrió seriamente con los franceses de la Revolución, que, además de apropiarse de obras de arte, se empeñaron en derribar otras calles para hacer de Sevilla una ciudad de vías amplias, al estilo europeo.

Durante el siglo XIX la casa sevillana retoma la tradición renacentista y culmina la exteriorización con esas cancelas de hierro que dejan el interior prácticamente en la calle.

En el tiempo del romanticismo estas viviendas ya estaban habitadas por miembros de la nobleza, artistas, anticuarios, escritores y extranjeros, como Washington

◄ La plaza de Santa Cruz, presidida por una cruz de forja realizada por Sebastián Conde en 1692.

Irving, George Denis o Richard Ford, que elevaron la vida de los patios sevillanos casi a categoría de mito.

En los años veinte del siglo pasado se llevó a cabo la vituperada reforma promovida por el marqués de La Vega Inclán, hombre propulsor del turismo moderno.

Ciertamente era patente que el barrio necesitaba de un acondicionamiento higiénico sanitario. Santa Cruz estaba cerrado, no tenía espacios verdes y la estrechez de las calles impedía la renovación del aire con regularidad. También es verdad que para esta reforma el rey cedió una parte de la Huerta del Retiro, la que hoy forma los jardines de Murillo; pero los criterios estéticos que siguió el marqués para embellecer el barrio fueron motivo de críticas. Se le acusa de haber falseado la realidad en aras de la rentabilidad del tópico, de haber llevado a cabo un urbanismo que solo tenía como finalidad la de adecuarse a las leyendas creadas por aquellos viajeros románticos del siglo XIX.

En la ciudad se sabe que este no es un barrio histórico, se conoce su teatralidad y la intencionalidad de su puesta en escena pero los ciudadanos lo han aceptado y se sienten orgullosos del mismo. Eso es lo único que vale aquí para hacerlo indiscutiblemente sevillano.

La calle de la Judería termina en lo que se conoce como las Cadenas, donde se encuentra la otra reja que comunica con las casas del Patrimonio Nacional del patio de Banderas. Estas cadenas, que parecen puestas como impedimento para el paso de carruajes, se sustentan en dos columnas de no más de medio metro de altura, y es tradicional el dicho de que quien salta por encima no se casa. El callejón conduce a la calle Vida y desde aquí al **callejón del Agua,** que recibe el nombre por el agua que discurría sobre el muro del alcázar. Es uno de los más típicos y destacados por los artistas en pintura, literatura y música.

▶ Pasear por las calles y callejuelas del barrio de Santa Cruz siempre resulta ser una delicia.

◄ Del siglo XVII, el hospital de los Venerables fue el primer templo consagrado a San Fernando, el rey de la Reconquista.

Al principio del callejón está la calle Pimienta, que conduce a la calle Susona. Son dos vías que deben el nombre a leyendas de cuando aquí estaba la judería.

La calle Susona conduce hasta la **plaza de Doña Elvira**, lugar donde se encontraba un famoso **corral de comedias**, que fue donde inició la carrera Lope de Rueda.

Por la calle Gloria se llega hasta la plaza de los Venerables, que más que una plaza es una explanada cerrada, donde se puede visitar el **hospital de los Venerables Sacerdotes**, fundado en 1675 por Justino de Neve, amigo de Murillo. En aquellos tiempos muchos sacerdotes pobres o enfermos se veían en la obligación de pedir limosna. Se creó la orden y se estableció que podrían pertenecer a ella los miembros de la Hermandad de los Viejos, los descendientes y sucesores del título de Veragua, familia de Cristóbal Colón, y los eclesiásticos y seglares que demostraran ser «personas de juicio, y con buenos antecedentes». Este fue el primer templo consagrado a San Fernando, el rey de la Reconquista, canonizado mientras se edificaba. Es uno de los edificios más notables del barroco sevillano y una de las primeras obras conocidas de Leonardo de Figueroa. De su **patio** se dice que es genuino ejemplar arquitectónico de la Sevilla de verdad. Tiene planta cuadrada, con pavimento de ladrillos rojos y agradable sombra de naranjos. En otro nivel más alto se levantan cuatro **galerías** de arcadas con una fuente en el centro.

II, B3
Plaza de Doña Elvira

II, B3
Hospital de los Venerables Sacerdotes

▼ Detalle de los frescos del interior del hospital de los Venerables.

Mística y tragedia judía

En el barrio de Santa Cruz, al principio del callejón del Agua, se encuentran las calles Pimienta y Susona, dos vías que deben su nombre a leyendas de cuando aquí estaba la Judería. La primera habla del milagro que sirvió para convertir a un judío al cristianismo. Se cuenta que el judío, que tenía un negocio de especias, andaba lamentándose por no poder encontrar pimienta, cuando pasó por allí un cristiano que intentó consolarle con un «Dios proveerá»; el escepticismo del judío terminó cuando descubrió que esa noche había crecido en su puerta el árbol de tan preciada especia. La leyenda de la Susona es menos mística y tremendamente trágica. La Susona era la hija del judío Susón, jefe de una conspiración que tramaba acabar con la vida de notables inquisidores, entre los que se encontraba, sin que él lo sospechara, uno de los hombres que mantenía amoríos con su bella hija. La Susona advirtió al cristiano para salvarle la vida pero su amante la traicionó y avisó a los inquisidores. Se dio entonces una de las mayores venganzas contra los judíos y en ella perecieron todos los miembros de la familia de la Susona, la cual dispuso que a su muerte clavaran su cabeza sobre la puerta y la dejaran allí para siempre, como ejemplo y castigo de sus pecados. Según esta leyenda, la calavera permaneció en el lugar hasta el siglo XVIII, es decir, unos 400 años. Una iconografía en un azulejo recuerda ahora esta historia.

II, A3
Convento de San José

▼ Monumento a Catalina de Ribera, benefactora de la ciudad, en los jardines de Murillo.

Para acceder al patio hay que pasar por la **iglesia,** que tiene un **retablo mayor** del siglo XIX. Entre el patrimonio de este templo se encuentran obras de Valdés Leal, Herrera el Viejo, Alonso Cano, Martínez Montañés, Pedro Roldán, y dos bronces sobre la vida de Cristo, de Rubens.

Continuando por la calle Ximénez de Enciso se llega al cruce con la calle Santa Teresa, en la cual, en el número 8, se halla el último hogar de Murillo, muerto aquí tras caerse de un andamio mientras pintaba en Cádiz *Los desposorios de Santa Catalina.* Esta vivienda es ahora la sede de un organismo oficial dedicado al flamenco.

Justo enfrente está el **convento de San José**, de principios del siglo XVII, más conocido como «Las Teresas» porque es aquí donde se instalaron las carmelitas doce años después de que Santa Teresa de Jesús trasladara el convento a lo que ahora es la calle Zaragoza. En el templo se guardan reliquias de la santa, entre las que destaca el manuscrito de *Las Moradas*.

Desde Ximénez de Enciso se sigue hasta encontrar la confluencia de las calles Fabiola y Cruces. El recorrido continúa por la calle Cruces pero para los visitantes ingleses cabe recordar que en la calle Fabiola, señalada con una placa, está la casa de nacimiento del intelectual Nicholas Wiseman, autor de la célebre novela sobre los primeros cristianos, titulada *Fabiola,* quien marchó a Londres y fue el primer arzobispo de Westminster.

◀ Todo el atractivo reunido en un rincón de la plaza de Santa Cruz.

Desde la plaza de los Refinadores, donde se encuentra la **estatua** de bronce **de Don Juan**, personaje inmortalizado por Tirso de Molina, Molière, Strauss y otros muchos con más o menos ventura pero, sobre todo, por la fantástica ópera del genial Mozart, se llega a la calle Mezquita y desde allí a la **plaza de Santa Cruz**, que da nombre al barrio. Ocupa el solar de la principal sinagoga de la judería, convertida en 1391 al cristianismo y derribada en 1810 por las tropas francesas del mariscal Soult. En el centro de la plaza se alza la **cruz de la Cerrajería**, hermosa pieza de hierro forjado, labrada en 1692 por Sebastián Conde. Una mirada atenta a la cruz descubre que en sus cuatro extremos tiene unas cabezas de serpiente con su correspondiente lengua bífida.

II, A3
Estatua de Don Juan
Plaza de Santa Cruz

Se sale de Santa Cruz por la **plaza de Alfaro,** plazoleta inmortalizada por Rossini porque es aquí donde se encuentra el balcón que protegía la hermosura de Rosina, el que sirvió de escenario para sus conversaciones amorosas con el conde de Almaviva y el mismo al que cantaba Fígaro con su desenfadada sensualidad en la ópera *El barbero de Sevilla.*

II, A3-4
Jardines de Murillo

| JARDINES DE MURILLO

En 1860 la reina Isabel II cedió a la ciudad la parte de los jardines de palacio, conocida como Huerta del Retiro. Años más tarde, con la reforma de Santa Cruz, el parque se urbanizó con el nombre de Catalina de Ribera, en honor a una benefactora de la ciudad, del siglo XVI; y en 1911 el rey Alfonso XIII, siguiendo el ejemplo de su abuela, hizo retranquear la tapia del alcázar y amplió el espacio verde con lo que hoy son los jardines de Murillo, diseñados por Juan Talavera.

Coincidiendo con los impulsos renovadores del tiempo, el periódico *El Liberal* lanzó una campaña de suscrip-

▼Jardines de Murillo.

ción popular para construir un **monumento** en honor **a Cristóbal Colón**. El proyecto también se le adjudicó a Talavera y la parte escultórica fue asignada a Coullaut Valera. Llaman la atención las dos columnas de piedra artificial, simbolizando las del *non plus ultra,* que impedían a los navegantes de la antigüedad adentrarse en el Atlántico por el límite que logró sobrepasar Cristóbal Colón. Las columnas sostienen imágenes de las carabelas colombinas en bronce, y arriba se sitúa un león al que los ciudadanos, en tono de broma, han culpado alguna vez de haberse comido la esperada estatua de Colón, que no se ve por ningún lado.

II, A4
Monumento a Cristóbal Colón

REAL FÁBRICA DE TABACOS *

II, B4-5
Real Fábrica de Tabacos
San Fernando, 2.

Continuando por el interior de los jardines se llega a la calle San Fernando, donde se encuentra la mejor fachada de la antigua Fábrica de Tabacos, hoy sede del Rectorado y diversas facultades de la Universidad Hispalense.

Sevilla fue la puerta por donde se introdujo en Europa la planta americana del tabaco y fue aquí donde se instaló el monopolio de la fábrica más grande del mundo.

Hasta el siglo XVII esta fábrica estuvo situada frente a la céntrica parroquia de San Pedro pero se quedó pequeña, y en 1725 el rey Felipe V decidió sacar la fábrica de la ciudad y realizar una gran obra, que poco después sería llamada el «Escorial tabaquero». El proyecto lo inició en 1728 Ignacio de Sala, que no era arquitecto sino ingeniero militar, más acorde con la preferencia de los Borbones; y en 1750 tomó las riendas el arquitecto holandés Sebastián Van der Borcht, autor de la fachada principal, patios, naves, capilla, cárcel y, por último, del foso, terminado en 1771.

▲ Detalle de la fachada de la Real Fábrica de Tabacos.

Como era un edificio público, dependiente de la Real Hacienda, se ideó como una ciudadela, con garitas, puente levadizo y tres lados con foso.

La fábrica solo se utilizó de fortín en una ocasión, cuando sirvió como refugio en tiempos de los Cantonales del siglo XIX, pero la realidad es que la misión del foso no era la de impedir que la gente entrara sino la de que no saliera de allí el tabaco de contrabando.

No hubo modo de frenar el próspero negocio del estraperlo, que llegó a las más pintorescas cotas de la picardía con las cigarreras del siglo XIX, que, a pesar de ser sometidas a un minucioso registro diario, seguían sacando la hierba, escondida con trucos que su católico rey no se hubiera atrevido ni a soñar.

El frente de las zonas de las viviendas presenta portadas adinteladas, con frontones curvos y jarrones. También hay jarrones y pirámides, realizadas por Acosta, en todas las cubiertas de la edificación. Con ello se ocultaban las azoteas donde se secaban las hojas del tabaco.

◀ Detalle del edificio de la Real Fábrica de Tabacos.

En las esquinas de la fachada principal en la calle San Fernando se observan los pequeños edificios de la **capilla** y la **cárcel,** realizados por el arquitecto Vicente Catalán Bengoechea.

En el ***interior*** de la fábrica, los 250 m de largo por los 180 m de ancho están repartidos en dos zonas claramente diferenciadas, una residencial en torno a la portada principal de la calle San Fernando, y una industrial ocupando el resto.

La fábrica se modificó para adecuarse al uso académico, pero se puede entrar y conocer el modo en que se concibió el espacio en la zona industrial, con galerías cubiertas por bóvedas vaídas, que descansan sobre robustos pilares, y admirar en la segunda planta la bella traza barroca de los **lucernarios,** realizados por los arquitectos Pedro de Silva y Lucas Cintora. Las hojas, secadas al sol, se bajaban hasta aquí para ser tratadas por 116 molinos de «desmonte», que movía la caballería, y después pasaban a la parte trasera, donde otros 40 molinos hacían lo que se llamaba «repaso».

La parte residencial está presidida por una gran **portada** con dos cuerpos, coronada por una figura trompetera del Ángel de la Fama, realizada por Cayetano de Acosta.

También se contemplan los **bustos de Colón,** descubridor de la tierra del tabaco, y **de Hernán Cortés** que, según cuentan, fue el primer europeo que se acostumbró a fumarlo, aunque la leyenda sevillana atribuye la primacía a Rodrigo de Triana. También se contempla una imagen, curiosa y muy retratada, de un indio fumando en pipa.

Desde que el edificio es sede de la Universidad, se encuentra aquí la capilla de la hermandad de los Estudiantes, con una imagen del *Cristo de la Buena Muerte,* realizada en 1620 por Juan de Mesa.

II, A5
Prado de San Sebastián

PRADO DE SAN SEBASTIÁN

Desde la portada de San Fernando se llega al Prado de San Sebastián, recorriendo el recinto ajardinado de la Universidad en dirección a la salida de la antigua facultad de Derecho, en la avenida del Cid, donde se encontrará un **monumento** ecuestre **del Cid Campeador,** presidiendo el ensanche. Es una obra donada por Anna Hyat Huntington para la Exposición Iberoamericana.

Este parque, que ha sufrido muchos trabajos de acondicionamiento, recibe el nombre de Prado de San Sebastián y es uno de los enclaves más siniestros de la ciudad no solo porque bajo su suelo existen dos viejos cementerios, el de los Pobres y el de San Sebastián, que se colmaron de restos con las epidemias del siglo XVII, sino porque aquí estuvo el **quemadero de la Inquisición,** que azotó a las familias durante 300 años y que no se ocultó de la vista de los sevillanos hasta 1809, año en que se decidió enterrarlo justo a los pies del caballo del Cid.

Con estos antecedentes no parecía un lugar muy apropiado para un festejo pero lo fue y con el mayor de los éxitos, ya que aquí se celebró la primera feria de abril sevillana en 1848.

Uno de los momentos de más brillo vividos en esta glorieta tuvo lugar con motivo de la inauguración de la **Exposición Iberoamericana de 1929** porque fue aquí donde se instalaron las dos torres metálicas, de 30 m de altura, que iluminaron el parque y los pabellones con la potencia de 200.000 bujías, que se sumaban a las que surgían detrás de las estatuas, fachadas o setos. El resultado fue espectacular para la época y las crónicas difundieron el montaje como el de «la ciudad de la ilusión».

Este diseño de iluminación fue idea de Aníbal González, el arquitecto de la luz y la alegría, que se mostró siempre partidario del empleo del color como base esencial de la arquitectura.

Antes de abandonar la plaza, aún en los terrenos del Prado, se puede observar el **pabellón de Portugal,** uno de los 117 edificios que fueron construidos para la Muestra.

LA SEVILLA ROMÁNTICA Y DE PRINCIPIOS DEL SIGLO XX

| GLORIETA DE SAN DIEGO

La avenida del Cid concluye en la encrucijada de la glorieta de San Diego, con el intenso verdor del Parque de María Luisa al fondo.

A partir de ahora el itinerario tiene como fondo el paisaje del parque pero el recorrido por su interior solo se detendrá ante las grandes construcciones que se levantaron para la Exposición Iberoamericana de 1929.

La glorieta de San Diego, más conocida como glorieta del Cid, fue la fachada y puerta principal de la Exposicicón. Del conjunto ornamental que se dispuso para recibir al visitante quedan las **columnatas,** obra del arquitecto Vicente Traver, y el grupo escultórico que se contempla entre las avenidas de Isabel la Católica y María Luisa. Es un **tríptico** de tradición clásica, con tres bellas figuras femeninas y fuente a los pies. Las esculturas laterales son obra de Pérez Comendador; la central, más grande, está firmada por Delgado Brackembury.

En el centro del paseo de Isabel la Católica, se encuentra un **monolito** de piedra en homenaje a Rubén Darío, «Cantor de la Raza», como queda inscrito en la leyenda de la piedra. El monolito sirve de punto de encuentro para los escritores y americanistas, que acuden cada 12 de octubre, día de la Hispanidad, para la celebración de un acto conmemorativo.

La salida a la avenida de María Luisa se encuentra con las dos edificaciones que integraron el **pabellón de**

II, A-B5
Glorieta de San Diego

▲ El parque de María Luisa se ofrece en toda su frondosa vegetación.

▲ Cúpula del Casino, levantado con motivo de la Exposición Iberoamericana de 1929.

Sevilla y que fueron el emblema de la ciudad durante la Exposicicón del 29.

Son dos testimonios importantes del esmero y la grandeza con la que se quiso culminar la presentación de un acontecimiento, que, a pesar de sus calamitosos resultados económicos, modernizó la ciudad y sirvió de revulsivo para una sociedad que se mantenía anclada en el siglo XIX.

A principios de este siglo, cuando Sevilla presentó la iniciativa de organizar un encuentro de países iberoamericanos, España estaba intentando superar el impacto de la pérdida colonial del 98 con un esfuerzo de integración en Europa. La propuesta de esta ciudad, de histórica vocación americanista, suponía además salir al encuentro de nuevos mercados ultramarinos. El gobierno aprobó la celebración de la Muestra en 1909 pero era del todo imposible imaginar que no se llegaría a inaugurar hasta 1929, en plena crisis internacional.

Como conclusión, el país no sacó nada de la Exposición, y Sevilla, además de arruinarse por completo, perdió la oportunidad de experimentar con las nuevas corrientes arquitectónicas del modernismo porque se había sumido en un acalorado debate sobre la definición de un estilo y un sello puramente regional.

Algo de esto sucedió con el **Casino** de la Exposición, que se levanta sobre el terreno de San Diego, un convento franciscano del siglo XVI, del que solo queda el conmemorativo nombre de la plaza.

El Casino de Sevilla, con sorprendente **columnata** y **bóveda** en el Gran Salón, comunica por la parte trasera con el **teatro** de la Exposición, que hoy recibe el nombre de Lope de Vega. Son dos obras barrocas, ejecutadas sobre los planos de Vicente Traver, sucesor de Aníbal González, arquitecto rector de la Exposición, que para entonces ya había abandonado el cargo por discrepancias con la organización.

La Muestra no pudo ser celebrada en 1912, primera fecha prevista, porque se cedió a la Feria de Industria y Comercio de Bilbao; tampoco en 1914, por el estallido de la Primera Guerra Mundial; ni más tarde, con las prisas de la Dictadura de Primo de Rivera, que tuvo que dejar pasar el día señalado en 1927 por otro en febrero de 1929, también reemplazado por la muerte de la reina madre. Por fin se abrió en mayo de ese mismo año del crack internacional.

Después de tanto esfuerzo la Exposición se inauguró en mal año y al final a punto estuvo de no pasar de una jornada.

El primer día, después de los actos inaugurales, los reyes cenaron en el casino y pasaron al palco real del teatro para asistir a la representación de *El vergonzoso en Palacio*, de Tirso de Molina. Los representantes de los países extranjeros ocuparon sus localidades y admiraron el majestuoso decorado interior de un teatro que se diseñó, fiel al boato de moda en el siglo XIX, con paneles de oro, sedas adamascadas y todo lujo de detalles en vestíbulos, plateas y artesonados.

También se encontraban allí, ocultos entre el público de la cuarta planta, el anarquista italiano, consignado para acabar con la vida de tan ilustre concurrencia, y el comisario de policía, que logró detenerlo antes de que cayeran dos cilindros de acero sobre el palco de los reyes. Al fin todo acabó con el estallido de las bombas en el río Guadalquivir, pocos minutos después de que hubiera comenzado la representación.

Enfrente del teatro se encuentra una pequeña puerta de acceso al parque, que nos conducirá hasta el **monumento** al sevillano **Gustavo Adolfo Bécquer**.

Este monumento se realizó rodeando un frondoso árbol, plantado en 1850, que, a pesar de los temores, ha sabido crecer respetando las dimensiones de la escultura. Es un homenaje al romanticismo, realizado por el sevillano Lorenzo Coullaut Valera, en el que aparecen, además del

▲ Palomas en el parque de María Luisa.

◄ Monumento a Gustavo Adolfo Bécquer, en el parque de María Luisa.

busto del poeta, dos esculturas alegóricas al amor herido y al amor que hiere, y tres hermosas figuras femeninas, que representan el amor ilusionado, el poseído y el perdido.

Sevilla, acusada de ser el refugio de los valores y las ideas inmovilistas en las artes y las letras, fue, sin embargo, la ciudad que más de cerca vivió la eclosión nacional de la poesía moderna; el Nobel onubense, Juan Ramón Jiménez, con la mirada fija en Sevilla, quiso nombrarla capital poética de España.

PARQUE DE MARÍA LUISA Y PLAZA DE ESPAÑA *

I, A4
Parque de María Luisa
Plaza de España

La plaza de España se encuentra muy cerca del monumento a Bécquer. La infanta María Luisa había visto frustradas sus aspiraciones al trono y, ya viuda, donó a la ciudad la zona de los jardines de palacio, que se extiende desde el caballo del Cid y la esquina de la fábrica de Tabacos hasta lo que es hoy la plaza de América.

El Parque de María Luisa fue un espacio arbolado de 400.000 m^2 que se cuidó y conservó sin modificar hasta que el ayuntamiento lo cedió para albergar las construcciones más importantes de la Exposición Iberoamericana. Como el espacio resultaba insuficiente, los jardines de María Luisa se ampliaron con los terrenos colindantes del Prado de San Sebastián, los naranjales del palacio de San Telmo, los antiguos jardines de las Delicias y el llamado Huerto de Mariana, donde se levantó la plaza de América.

La urbanización del parque quedó en manos del ingeniero francés Forestier, que se encontró con alrededor de 1.400.000 m^2 para realizar libremente su obra, con la única condición de que se respetara el trazado original de los primeros jardines que fueron cedidos por la infanta.

El ingeniero se había propuesto adecuar los nuevos diseños europeos con los sabios trazados de la herencia árabe pero se encontró con la dificultad de que el terreno era completamente plano. La solución fue emplear el agua como elemento base para crear los efectos paisajísticos de horizontes y perspectivas que necesitaba para cumplir su objetivo. En tan solo 12 meses el técnico galo culminó un vergel de macizos arbolados, acacias, plátanos, olmos y multitud de setos, arrayanes, adelfas, laureles, rosaledas y flores, salpicado de lagos artificiales, fuentes y glorietas, decoradas con la bella azulejería sevillana, muy acorde con las construcciones que poco después remataría el arquitecto Aníbal González.

La plaza de España es un conjunto de extraordinaria luminosidad, en el que queda patente que su autor fue

un arquitecto más preocupado por la innovación en los detalles estéticos y ornamentales que por los técnicos.

El espacio monumental que forma la plaza se levanta sobre un vasto semicírculo de 200 m de diámetro, rematado con dos torres en los extremos. El espacio interior está bordeado por un canal o ría artificial de 525 m de longitud, que separa la explanada central de un nivel intermedio y más elevado, al que se accede por pequeños puentes con ornamentos de azulejos. Es una zona ocupada de extremo a extremo por pequeños departamentos con **bancos,** en los que se encuentran las provincias españolas, ordenadas según la secuencia alfabética.

▲ Tres estampas de la plaza de España, diseñada por el arquitecto Aníbal González.

▲ De estilo gótico flamígero, el Pabellón Real fue proyectado por Aníbal González.

Los apartados provinciales están separados por vegetación y por pequeñas alacenas, proyectadas para dar cabida a los volúmenes de una **biblioteca** fundamental de la localidad. Se destaca también el esfuerzo por dotar a cada departamento de un tratamiento tipográfico e iconográfico distinto. En todos ellos se representan el escudo, mapa provincial, hazañas históricas y otros símbolos de su idiosincrasia.

En el nivel superior se contempla una serie de **medallones** con rostros o bustos de personajes de la historia de España, ordenados cronológicamente desde Séneca a Sorolla. En todo el conjunto se percibe el predominio de la línea renacentista, especialmente en el frente semicircular de la plaza, abierto en arquerías, mientras que el espíritu barroco se reservó para las dos bellas y estilizadas **torres** de los lados.

En el interior se puede visitar el **patio** del edificio central; resulta espectacular por su doble planta y el juego de columnas y arcos.

PLAZA DE AMÉRICA

La plaza de América, llamada en los primeros tiempos de Honor, es el espacio urbano mejor tratado de la Exposición Iberoamericana, que se sitúa en el extremo sur del parque. Es un recinto en el que se volcó el temperamento de Aníbal González, la sevillanidad de hierros, azulejos y estatuas, que tanto se extendieron después; y las tres tendencias, mudéjar, gótica y renacentista, que

▶ Plaza de América con el Museo de Artes y Costumbres Populares al fondo.

sirvieron de ensayo general en la búsqueda de un estilo local, que terminó siendo un poco la mezcla de todo y que se llamó regionalismo tradicional o historicista.

En el cruce de la avenida de Isabel la Católica con la calle Felipe II se llega a la parte de atrás del **Pabellón Real,** edificio construido con ladrillo y azulejo, de estilo gótico flamígero, que termina con bellos remates de cresterías góticas y dos heraldos de tamaño natural en la portada.

Merece la pena prestar atención a la ordenación de los **jardines,** donde se pueden ver, entre naranjos, rosales y setos, 16 estatuas de victorias, columnas, escalinatas, juegos de rejería y fábrica en barandas y bancos, un reloj de sol, una bella pavimentación y una pequeñísima glorieta dedicada al Quijote, también con hornacinas reservadas para libros. Esta placita sustituye un proyecto inicial de monumento a Cervantes, con el que soñó el escultor sevillano Lorenzo Coullaut Valera pero que fue desechado por su elevado coste.

Siguiendo en dirección a la salida del paseo de la Palmera, se encuentra, a la derecha, la bella fachada del **pabellón mudéjar,** que en 1972 cedió parte de sus dependencias para instalar la sede del **Museo de Artes y Costumbres Populares.**

El edificio estaba ultimado en 1914, año previsto para la inauguración de la Exposición, pero permaneció cerrado hasta que en 1921 se utilizó como hospital de sangre para los heridos en el desastre de la guerra de Marruecos.

Museo de Artes y Costumbres Populares

- Plaza de América, 3.
- 95 471 23 91.
- De martes a sábado, de 9 h a 20.30 h; domingo y festivos, de 9 h a 14.30 h.
- General: 1,50 €. Entrada gratuita para los ciudadanos de la UE.

Museo Arqueológico
Plaza de América, s/n.
95 512 06 32.
En invierno: de martes a sábado, de 10 h a 20.30 h; domingo y festivos, de 10 h a 17 h; lunes cerrado. En verano, de martes a sábado, de 9 h a 15.30 h; domingo y festivo, de 10 h a 17 h.
General: 1,50 €. Entrada gratuita ciudadanos de la Unión Europea.

▼ Fachada del Museo Arqueológico.

El edificio de la izquierda es el **pabellón de arte antiguo,** un ensayo de arquitectura neorrenacentista, construido entre 1911 y 1919, que sirve de **Museo Arqueológico.** Aquí se encuentra el **tesoro** tartésico **del Carambolo,** descubierto en 1958 muy cerca de Sevilla.

La salida de la plaza de América comunica con el paseo de las Delicias, aunque popularmente se conoce como La Palmera, que comienza un poco más adelante. Una y otra se continúan y forman una de las más grandes y bellas vías de la ciudad, que culmina en la carretera de Cádiz.

La mayor parte de los pabellones nacionales, que construyeron los países vistantes de la Exposición Iberoamericana, se concentran entre la confluencia de la avenida de La Palmera con el paseo de las Delicias y el camino de retorno al centro urbano hasta el palacio de San Telmo.

Del centenar de pabellones particulares poco se podrá ver, salvo el de la **Casa Domecq.** Cabe decir otro tanto de los que construyeron las regiones y provincias españolas.

Sí se conservan, sin embargo, interesantes edificios construidos por los países visitantes y que ahora están habilitados para otros servicios, como el **pabellón de Brasil,** obra de Pedro Paulo Basto, donado a la ciudad en 1930 y ocupado ahora por las oficinas de la Policía Municipal; el **pabellón de México,** una espléndida construcción de Manuel Amabilis, inspirada en la arquitectura maya, que destacó por su decorado interior, con **esculturas** de Leopoldo Tomari y **pinturas** de Víctor M. de los Reyes; el **pabellón de Colombia,** donde se encuentra la **Escuela Náutica de San Telmo,** compartiendo este pabellón con el propio consulado de este país. Es una obra del arquitecto sevillano José Granados, con diseño fiel a las líneas del arte precolombino. Destacó por las valiosas colecciones de esmeraldas de las minas de Choco y Muzu, que expuso en Sevilla.

PUENTE DE LAS DELICIAS

Detrás del pabellón de Colombia se contemplan, a la izquierda, el gran **pabellón de la Marina de Guerra,** obra de Vicente Traver, y a la derecha, muy bien conservado, el **pabellón de Marruecos,** del arquitecto Gutiérrez Lesscure. Caminando en dirección a los jardines por el margen que linda con el muelle de las Delicias, aparece el puente móvil de las Delicias. Fue colocado en sustitución del antiguo puente Alfonso XIII, conocido popularmente como puente de Hierro.

Este encuentro con el río, clave esencial de la Sevilla de todos los tiempos, está estrechamente ligado a la

▲ Puente del Quinto Centenario.

historia de la ciudad en el siglo XX y, como si se hubiera preparado, a la fisonomía de la Sevilla portuaria del siglo XXI porque, justo detrás, se contemplan dos de los puentes construidos con motivo de la Exposición Universal de 1992.

El primero que se ve es el ya citado **puente de las Delicias** y, más al fondo, elevado a una altura de 43 m, se observa la silueta del moderno **puente del Quinto Centenario** el más grande de cuantos se han construido sobre el Guadalquivir.

El **puerto** histórico de Sevilla se encuentra entre Triana y las inmediaciones de la Torre del Oro, es decir, que tanto el muelle que se ve ahora como los que se contemplarán hasta llegar a los jardines de Cristina son fruto de obras recientes.

Las primeras reformas de envergadura se acometieron a principios de este siglo, cuando se intentó convertir a Sevilla en el centro económico de la región que riega el Guadalquivir.

A mediados de siglo se optó por cortar el cauce natural y el Guadalquivir de las Américas quedó definitivamente convertido en una dársena estancada. Esta es la razón por la que ahora solo se ve tierra seca enfrente, y también la justificación de que los sevillanos del siglo XX hayan sido los primeros en la historia que han vivido con la atención desviada del río.

Con las obras realizadas para el 92 el brazo muerto de río se volvió a abrir por la zona de Chapina, en la inmediaciones del histórico barrio de Triana.

▶ Tres signos distintivos de Sevilla y de toda Andalucía. De arriba abajo, el abanico, el mantón y los azulejos pintados.

El puente de las Delicias sigue abriéndose para la entrada de barcos de gran calado porque el puente de los Remedios corta el acceso de los barcos al centro de la ciudad.

El primer encuentro con el río se realiza dando la espalda a los jardines de las Delicias, que se visitan para salir al encuentro del paseo que lleva su nombre.

Los **jardines de las Delicias de Arjona,** inaugurados en 1825, se distinguen de los del parque de María Luisa porque Forestier los conservó con su decimonónica atmósfera de reminiscencias inglesas y con las **fuentes** y **esculturas** de dioses mitológicos y emperadores romanos, que se hicieron traer desde el Palacio Arzobispal de la cercana localidad de Umbrete y de diversos rincones de la ciudad.

Destaca una **fuente** procedente del antiguo paseo del Museo, coronada con una robusta figura infantil de rasgos un tanto grotescos, conocida popularmente como el *Niño del Caracol.*

También se puede ver la **estatua del guerrero,** colocada en el centro del estanque, fundida por el célebre Bartolomé Morel, el autor del Giraldillo, que estuvo originalmente en la plaza de San Francisco.

Junto a los jardines, siguiendo en dirección al centro, se encuentra el **pabellón de Argentina,** obra de Martín Noel, con una combinación arquitectónica de líneas virreinal e indígena.

A escasos metros, antes de llegar a la glorieta del puente, se levanta la pequeña construcción del **pabellón de Guatemala,** con sorprendente azulejería exterior. Frente a los pabellones, en la acera del parque, se alza un **monumento a Simón Bolívar,** inaugurado en 1981.

GLORIETA DE LOS MARINEROS VOLUNTARIOS

Es una amplia encrucijada desde la que se obtiene una visión del parque, del río y de los jardines del palacio de San Telmo.

El puente que se encuentra a la izquierda recibe el nombre de **Puente Nuevo,** realizado en 1968, conocido así por ser el más reciente hasta que fueron concluidas los de la Exposición de 1992.

Frente a él se levanta el **monumento a Juan Sebastián Elcano,** conjunto escultural con fuente, que da la espalda a la entrada más bonita del parque, la del sendero, que concluye en la plaza de España y que mira a la ribera donde desembarcó el navegante después de culminar la primera vuelta al mundo.

Llama la atención el pequeño castillo de aspecto anacrónico, que sirve de sede a la Oficina Municipal de Turismo y que se conoce con el nombre de **Costurero de la Reina.**

Oficina Municipal de Turismo. Costurero de la Reina
✉ Paseo de las Delicias, 9.
☎ 95 423 44 65.

Este pequeño edificio, de cuerpos redondeados, diminutas almenas y construido con ladrillos ocres en rojo y amarillo, pertenecía a la tapia de los jardines de San Telmo, un bosque de inspiración nórdica con grandes árboles y avenidas semiocultas, muy al gusto de los románticos.

En el siglo XIX, cuando los duques de Montpensier habitaban el palacio, recibían con frecuencia a los miembros de la familia real y fue por esto por lo que se hizo necesario construir un pequeño edificio para el cuerpo de guardia, que sirviera también de refugio para los guardabosques cuando no hubiera invitados.

Fue en este pequeño castillo, que ahora queda en el sector más concurrido por los pabellones nacionales de la Exposición del 29, donde pasó largos ratos de enfermiza languidez la reina María de las Mercedes, efímera esposa del rey Alfonso XII.

Junto al Costurero de la Reina se encuentra el edificio principal de los tres que diseñó el californiano William Templeton Johnson para el **pabellón de Estados Unidos.** Estaba ideado para permanecer como consulado del país y en su construcción destaca el **patio,** pavimentado con el cotizado mármol almeriense de Macael.

Más adelante se encuentra el **pabellón de Uruguay,** del arquitecto Emilio Cravoto, muy frecuentado por los universitarios de los años 60 y 70 porque aquí estaban las instalaciones del ya histórico sindicato de estudiantes, donde se ofrecían comidas económicas y sesiones de cine en uno de los cineclubs más activos en la época de la clandestinidad del franquismo.

También en este descampado, con fachada a la avenida de María Luisa, se levanta el **pabellón de Perú,** con ricos cierres de madera, que diseñó el arquitecto peruano Manuel Piqueras, como réplica de los del Palacio Arzobispal de Lima.

El itinerario retrocede al paseo de las Delicias, que termina en los **jardines de Cristina,** llamados "Salón Cristina" cuando se realizaron en 1830, que cumplen la bella misión de distanciar la zona monumental de la avenida de Roma del congestionado cruce del puente.

En la avenida de Roma se encuentra la fachada principal de los **jardines de San Telmo** y el inicio de uno de los núcleos más bellos de la Sevilla de las grandes vías. Es realmente un entorno monumental, que se aprecia mejor de noche o en horas de poca densidad de tráfico, cuando emergen las estatuas de San Telmo, la silueta del hotel Alfonso XIII y, ya en la soberbia calle de Palos de la Frontera, la fachada de la fábrica de Tabacos.

II, C5
Palacio de San Telmo
Avda. de Roma, s/n.
95 403 55 58.

PALACIO DE SAN TELMO

El origen del palacio de San Telmo está vinculado al descubrimiento de América y las actividades derivadas de la navegación a Indias porque, ya en 1508, el rey Fernando el Católico le encargó a Américo Vespucio que no dejara embarcar a los navegantes sin hacerles pasar por un severo examen. Sin embargo, la preparación dejó mucho que desear y fue un siglo más tarde, después de la destrucción de la Armada Invencible, cuando se tomó en serio la idea de crear una Universidad o Colegio de Mareantes.

La **Universidad** se creó a mediados del siglo XVI, como asociación de personas distinguidas relacionadas con la mar, con sede en una enorme casa trianera, con fachadas a la parroquia de Santa Ana y al río, desde donde se ofrecía misa a los embarcados.

En 1681, cuando se desplaza definitivamente la Flota de Indias a Cádiz, Carlos II dispuso que se creara en Sevilla un colegio de huérfanos, que formara a los niños en las artes de la mar. Se designó una ubicación junto al río y se inició la construcción de un edificio, que estaba destinado a ser Universidad de Mareantes.

Un siglo más tarde, en 1788, se convirtió en colegio de Marina o seminario de Náutica, para jóvenes de la nobleza o niños que, como rezaban los estatutos fueran «huérfanos, pobres y de noble cuna».

▶ Palacio de San Telmo, al pie del Guadalquivir.

Gustavo Adolfo Bécquer comenzó a estudiar en este colegio el mismo año en que se celebró la boda entre el duque de Montpensier, el menor de los hijos del rey de Francia, Luis Felipe de Orleans, con la infanta María Luisa, hermana de la reina Isabel II. Pero Bécquer apenas llegó a concluir dos cursos porque el colegio se cerró en 1848 y se convirtió en propiedad del nuevo matrimomio al año siguiente.

El poeta se matriculó en el Instituto San Isidoro, donde se afirma que comenzó su carrera literaria. Con los duques se acaba la relación del edificio con la Sevilla americana y se inicia un tiempo de esplendor, que lo convierte en una vivienda-palacio de lujo y gusto exquisito, que enorgulleció a los sevillanos. De las obras de arte con las que los duques ultimaron los salones apenas quedó nada después de 1901, cuando el Arzobispado, que había recibido el edificio como donación de la infanta, lo convierte en Seminario Mayor.

La Junta de Andalucía, nueva propietaria de San Telmo, acometió las últimas obras de rehabilitación para que sirviera desde 1992 como sede de la presidencia.

El edificio, construido con planta rectangular y torres en las esquinas, es uno de los monumentos más representativos del barroco sevillano. El inicio se fecha en 1682, cuando un grupo de arquitectos desconocidos comienza a trabajar con los planos de Antonio Rodrí-

▲ Figuras alegóricas en la portada principal del palacio de San Telmo.

▲ Torre del palacio de San Telmo.

guez. Es una primera fase, que se cierra en 1696 porque el impulso definitivo de esta obra, que costó más de 50 años de ejecución, llega cuando se hace cargo del proyecto Leonardo de Figueroa, autor de la fachada principal, con su gran portada en la avenida de Portugal, el patio o claustro grande y la capilla.

La **fachada principal,** considerada como una de las más bellas muestras del arte churrigueresco, fue concluida en 1734 por su hijo, Antonio Matías de Figueroa. El primer cuerpo está formado por un grupo de columnas que enmarcan la puerta principal y sujetan el gran balcón, con la ayuda de figuras de atlantes entre indios y monstruos marinos. El **balcón** está rodeado de esculturas alegóricas de las Ciencias y las Artes, relacionadas con la náutica. El tercer cuerpo es un ático, restaurado entre 1755 y 1796, con la **figura de San Telmo,** patrón de la navegación, en el centro, y San Fernando y San Hermenegildo, en los laterales.

La **fachada norte,** la que se encuentra en la avenida de Palos de la Frontera, presenta un **friso,** realizado en la etapa del duque de Montpensier, que está coronado por doce grandes estatuas de sevillanos ilustres de las artes, la política o las letras, realizadas por Antonio Susillo en el año 1895.

Del ***interior*** hay que destacar el amplio **patio,** casi cuadrado, de Antonio de Figueroa, con la **capilla** al fondo, y el gran **salón de las columnas,** con el techo pintado por Rafael Tegeo, y la doble escalera que se concluyeron en 1796. Un siglo despúes los duques se hicieron construir un **panteón,** que sirvió de capilla doméstica del Seminario. En el **templo,** de una sola nave con cúpula y linterna, se venera a la Virgen del Buen Aire, que dio nombre a la capital de Argentina. Es una talla realizada en relieve por Juan de Oviedo en 1600, que Duque Cornejo convirtió en imagen de bulto redondo en el siglo XVIII.

En el presbiterio destacan las **pinturas** realizadas en el siglo XVIII por Domingo Martínez, autor también de los lienzos de los muros, así como lienzos de Cabral Bejarano del siglo XIX.

En la parte superior del palacio hay pinturas de interés, entre las que cabe mencionar las tres escenas del Antiguo Testamento, del flamenco Pieter Van Lint, del siglo XVII.

La fachada principal del palacio de San Telmo concluye en la esquina con Palos de la Frontera, frente a la fachada enladrillada del hotel Alfonso XIII y un poco más adelante de la curva que lleva hasta la esquina de la fábrica de Tabacos con la estrecha calle de Doña María de Padilla, donde se encuentra el único **puente levadizo** que atraviesa el foso y comunica con la entrada de la facultad de Letras. Retrocediendo de nuevo por Palos de la Frontera se contemplan las 12 **esculturas** decimonónicas, mirando la fachada enladrillada del hotel. Son personajes populares entre los jóvenes sevillanos porque se transmite una copla en verso con un divertido diálogo de mofa entre las figuras.

HOTEL ALFONSO XIII *

Desde la esquina de Palos de la Frontera se retoma la avenida de Portugal para encontrar, a mano derecha, el arquillo de la entrada principal del hotel Alfonso XIII, haciendo esquina con la calle San Fernando y la histórica puerta de Jerez.

Este hotel es fruto de otra de las grandes ambiciones de la Exposición Iberoamericana de 1929, la construcción de un hotel de gran lujo, que fuera equiparable a los mejores del mundo.

El empujón definitivo llegó cuando dos grandes magnates de la industria hotelera europea, Marquet y Ghende, enviaron una carta a los promotores del certamen proponiendo su construcción.

El ayuntamiento de Sevilla ofreció el solar y el arquitecto sevillano, José Espiau, se adjudicó el proyecto en concurso público. Las obras comenzaron en 1916 y el hotel se inauguró en 1928.

II, B-C4
Hotel Alfonso XIII
San Fernando, 2.
95 491 70 00.

▼ Hotel Alfonso XIII.

El **patio**, que ocupa un espacio de 665 m^2, sirve de eje de la edificación y exhibe una ornamentación que llenó de admiración a los gustos más exquisitos de Europa.

Fue hotel Andalucía en tiempos de la República, pasó por momentos de gran crisis, sucesivos cambios de propietario, tuvo que ser remozado, y de nuevo reinaugurado por el rey Don Juan Carlos.

El ayuntamiento se hizo cargo del hotel en 1976 pero volvió a privatizarse y en la actualidad, aunque sigue siendo propiedad del ayuntamiento, la gestión es privada y se debe a la cadena de hoteles de lujo Luxury Hotels.

Con los nuevos propietarios, además de recuperar el Comedor Real como restaurante, denominado San Fernando, se acometió un minucioso trabajo de rehabilitación, que corrió a cargo del arquitecto Rafael Manzano, representante del neosevillanismo arquitectónico, un movimiento que surgió en la década de los setenta del pasado siglo, del cual se pueden encontrar notables muestras en la ciudad.

II, C4
Puerta de Jerez

PUERTA DE JEREZ

Desde la salida del hotel Alfonso XIII se contempla la totalidad de la glorieta, enmarcada por edificios históricos de diversas épocas y con una hermosa **fuente** de principios de siglo, realizada por el escultor Delgado Brackenbury.

▶ Las calesas son un buen medio de transporte para conocer la Sevilla más romántica.

La puerta de Jerez era la vía de comunicación con la tierras del vino, Jerez de la Frontera y Cádiz. La muralla de Sevilla tenía doce puertas; esta, junto con la llamada de la Carne, se destruyó en 1864, siendo las primeras en sucumbir a los cambios progresistas que culminaron en la revolución de 1868. Fueron derribos controvertidos no solo porque la muralla evocaba la ciudad de glorias pasadas sino porque se pensaba que servían de muro de contención contra las riadas. Al final, de las doce puertas de la ciudad solo quedaron dos, y algunos restos de muralla, que aparecen en diversos rincones de la ciudad: alcázar, callejón del Agua, puertas de Córdoba y de la Macarena. Actualmente, tras las obras de peatonalización, esta plaza y sus alrededores viven un nuevo momento dorado, con amplias zonas para pasear y terrazas para reponer fuerzas o descansar.

I PALACIO DE YANDURI

Cruzando la calle San Fernando y haciendo esquina con la calle San Gregorio se encuentra el palacio de Yanduri, construcción de este siglo, que, sin embargo, se implanta con fuerza en la historia de la ciudad.

Ocupa el solar de una antigua casa-palacio del siglo XVI, propiedad de Juan Antonio Vicentelo de Leca, apodado «El Corso» porque procedía de Córcega.

Antes de cruzar la avenida de la Constitución se contempla, al frente, la casa que fue de los Parladé, condes

II, B-C4
Palacio de Yanduri
Puerta de Jerez.

II, C4
Casa de los Guardiola

de Aguiar, y que hoy es conocida como **casa de los Guardiola,** apellido señorial relacionado con el mundo de la ganadería y los toros bravos. Es una obra de José Esplau de la Coba, ampliamente alabada como intento de rescate de la tradición del siglo XVI.

La **portada** central es plateresca, y el **patio** interior se ha querido equiparar en belleza con el de la casa de Pilatos, prototipo ejemplar de palacio andaluz.

II, C4
Capilla de Maese Rodrigo
Puerta de Jerez.

CAPILLA DE MAESE RODRIGO

Junto a la puerta de Jérez se encuentra, pequeña y como escondida en su atrio de palmeras, la capilla de Maese Rodrigo Fernández de Santaella. Es el único vestigio que queda de la primitiva universidad de Sevilla, fundada por Maese Rodrigo en 1502 y demolida a principios de siglo para ensanchar las calles.

Es un ejemplo de estilo gótico- mudéjar tardío, realizada por Antón Ruiz. Se consagró en 1506, cuando aún no se había terminado, y su fundador murió en 1509 sin verla concluida.

Muestra tres **fachadas** al exterior: la de la cabecera; la de la derecha, con un bella ventana gótica con arquivoltas y tracerías y dos ventanas cuadradas entre pilastras, que son fruto de una reforma llevada a cabo en el siglo XVII; en este lugar se conserva una **lápida** con caracteres góticos, que hace referencia a su fundación. La fachada de los pies, que es realmente la principal, quedó al descubierto después de desaparecer el patio interior de la universidad; fue realizada por Martín Sánchez en el año 1914 con arco conopial y ladrillo bicolor. Destaca la **espadaña,** rematada en almenas escalonadas.

El ***interior*** es recogido y austero, de una sola nave, en la que cabe señalar el **arco triunfal** decorado con cardinas. En 1963 se cambió la solería primitiva de ladrillo mudéjar pero se conservan los azulejos que revisten los zócalos de los muros, realizados con cuerda seca y bellísima policromía. En el **frontal del altar** se encuentra uno de los pocos ejemplos sevillanos que quedan de cerámica con reflejos dorados.

El **retablo** es una de las mejores obras del pintor Alejo Fernández. Es de 1520, por lo que ya se notan en sus trabajos las novedades del renacimiento italiano; en el centro está representada la Virgen de la Antigua recibiendo el colegio de Santa María de Jesús de manos de Maese Rodrigo; en el cuerpo superior, San Grabriel, San Rafael, San Pedro y San Pablo; y en el banco se ven seis pequeñas tablas, entre las que destaca una Virgen con Niño, de influencia bizantina, que se supone la trajo el maese de su estancia como estudiante en Bolonia. En general, toda la iconografía está relacionada con la sabiduría que debería presidir la universidad. A los pies del retablo y bajo el altar se encuentra la **tumba** del fundador.

▲ Recuerdos de Sevilla.

SEVILLA, CAPITAL DE DOS MUNDOS

CASA DE LA MONEDA

Justo enfrente de la capilla de Maese Rodrigo comienza el callejón peatonal del mismo nombre, con la fachada lateral del palacio de los Guardiola a la izquierda y los patios de la Real Casa de la Moneda al fondo.

La Casa de la Moneda se levanta sobre unos terrenos de las antiguas atarazanas medievales. Poco antes de que se levantaran los edificios que ahora se contemplan, sirvió como corral de las atarazanas o corral del Arenal. Los corrales fueron muy populares en el siglo XVI, y este, a pesar de que solo estuvo en este emplazamiento 13 años, desde 1575 a 1588, tuvo una compañía propia, que se desplazó al nuevo teatro llamado corral de la Alcoba, cerca de la puerta de Jerez.

En Sevilla existía una casa para la acuñación de la moneda desde los tiempos de la Reconquista. También había otras importantes en Madrid, Segovia, Toledo y Granada, además de las nuevas que se habían instalado en distintos países americanos. Sin embargo, y a pesar de las protestas de otras ciudades, Felipe II ordenó la construcción de una nueva casa de la Moneda en Sevilla, destinada a ser única en el mundo porque por ella pasarían los inmensos tesoros extraídos de las Antillas, Méjico, Nueva Granada, Perú, Charcas o Chile.

En la actualidad la Casa de La Moneda, tras las numerosas reformas que todavía hoy siguen realizándose, en un extremo acoge la sala de teatro *La Fundición*. Un espacio cultural vivo que ha sabido adaptarse respetándose la estructura original.

De frente se halla la calle de Tomás de Ibarra, más conocida, importante y concurrida cuando en el solar del edificio, que ahora ocupa la Delegación de Hacienda, se encontraba el de la antigua aduana.

La **aduana** de Sevilla fue una de las auténticas glorias del pasado de la ciudad. La primitiva fue establecida por Alfonso X en 1252, en una de las 16 naves de las atarazanas.

En el siglo XVI, con la gran explosión mercantil, fue el lugar donde se cobraban los derechos del Almojarifazgo Mayor y de Indias, así como donde arribaban las mercancías y donde se almacenaba y empaquetaba el mercurio de Almadén, que servía para amalgamar los minerales de plata, procedentes de Perú. En 1587, coincidiendo con la construcción de la Casa de la Moneda, se realizó un nuevo edificio, de cantería y ladrillo, planta de crucero y amplia bóveda, que, después de ser destruido en un incendio intencionado en 1792 y reconstruido en el año 1795, estuvo abierto hasta tiempos muy recientes.

II, C4
Casa de la Moneda
Santander, s/n.

▼ Recuerdos de Sevilla.

II, C4
Torre del Oro
Paseo de Cristóbal Colón.

TORRE DEL ORO *

En el cruce de la salida de la Casa de la Moneda con el inicio de la calle Santander se encontraba la casa y barbería del popular Fígaro, otro de los mitos sevillanos, protagonista de las óperas *El barbero de Sevilla* y *Las bodas de Fígaro.* Fue un personaje popular, famoso por su habilidad en rizar pelucas o teñir canas pero, sobre todo, por su forma de tocar la guitarra y bailar en las fiestas.

La calle Santander se construyó sobre el antiguo emplazamiento del paño de muralla que defendía Sevilla por el flanco sur y que unía el alcázar con el río con tres importantes torres, que aún se conservan.

La primera es la que se ve haciendo esquina con la avenida de la Constitución, la pequeña **torre de Abd-El-Aziz,** príncipe musulmán, que se recuerda envuelto en una bella historia de amor con su mujer, Doña Egilona, y con el que Sevilla deja de ser la capital del emirato árabe en el año 715. Se asegura que fue en esta torre donde se colocó la primera bandera cristiana de la Reconquista. En el cruce con la calle Temprado se hallaba el Postigo o la Puerta del Carbón; un azulejo del siglo XVIII marca el punto exacto de su antigua ubicación, y tras esta construcción se alza la **Torre de la Plata,** que data del siglo XIII y es la última gran construcción de carácter defensivo que realizaron los árabes en Sevilla, de cuya época se aprecia su planta octogonal, las almenas con capuchón del remate y las fajas ornamentales de ladrillo.

Cuando la calle Santander sale de nuevo al encuentro del río por el amplio paseo de Cristóbal Colón, en la acera de enfrente, emerge la tercera de estas torres, la **Torre del Oro,** otro de los símbolos que han expandido la imagen de la Sevilla universal.

La Torre del Oro es una construcción albarrana, es decir, separada de la muralla, realizada al final de los reinos de taifas en el primer tercio del siglo XIII. Se desconoce el nombre del constructor pero se sabe que se levantó por orden del regidor Abridola y que desde su fundación se llamó *Borg-al-Azajal,* que significa torre del Oro.

Todavía se sigue discutiendo si el nombre se debe a que estuvo revestida de azulejos dorados, que resplandecían cuando les daba el sol como si fueran de oro, o si se llama así porque fue el emblema del puerto donde se descargaron las ingentes cantidades de oro de América.

La torre, además de servir como puesto de vigilancia, tenía la importante misión defensiva de cerrar la entrada al puerto con una gruesa cadena, que cruzaba el río y se sujetaba en una torre, ya desaparecida, en la orilla de Triana. Fue esta la cadena que tuvieron que romper los marinos de Ramón Bonifaz con la flota de la Reconquista en 1248.

Tiene planta dodecagonal y está dividida en tres cuerpos; el superior, circular, es un añadido realizado por Sebastián Van der Borcht en 1760. El segundo cuerpo es de planta hexagonal, construido, al gusto almohade, en ladrillo visto; presenta paños rectangulares con decoración de rombos curvilíneos y arcos ciegos. En el cuerpo bajo se superponen tres plantas, cubiertas con bóvedas de arista. Los muros se terminan con vanos semicirculares y troneras. En el remate, separando el

▼ La Torre del Oro adquiere un color especial en los atardeceres de verano.

El mito de Don Juan

La historia del Hospital de la Caridad está íntimamente vinculada a la vida y obra de Miguel de Mañara, señorito andaluz del siglo XVII sobre el que pesa el mito de haber servido de modelo para el personaje de Don Juan Tenorio. El fondo de la historia es la sorprendente conversión de Mañara, joven educado como caballero de la Orden de Calatrava, atractivo, juerguista y acaudalado heredero de un extranjero, cuya biografía, como sucede con la del rey Pedro I el Cruel, queda solapada bajo el atractivo de sus coloristas y contradictorias leyendas. Se cuenta que un día cayó inconsciente al suelo y, cuando despertó, relató la alucinación de haber asistido a su cortejo fúnebre. El espanto que le causó lo que él consideró como un aviso celestial hizo que Miguel lo dejara todo para dedicar su vida a los necesitados. Hay muchas versiones de este hecho; también existe la tesis de que, al quedar viudo con 34 años, se recluyó con los monjes del Carmelo, se convirtió e, incluso, pagó todas sus deudas, algo que nunca harían ni el Don Juan de Tirso, ni el que creó Zorrilla dos siglos después. Esta última es una versión que no recogieron los viajeros románticos, que se empeñaron en señalar que el Hospital de la Caridad fue fundado por «Don Miguel de Mañara, o Tenorio, un donjuan del siglo XVII», según cita textualmente el inglés Hare en su obra *Sevilla tras la revolución.* Ninguno de ellos, ni ingleses ni franceses, se detuvieron en la consideración de que cuando Tirso de Molina presentó su *Burlador de Sevilla* en 1628, Mañara apenas contaba un año de edad. Próspero Merimée, que tanto éxito obtuvo con la cigarrera Carmen y su famosa biografía del rey Pedro I, deja claro que Don Juan es Mañara en su obra *Las almas del Purgatorio;* y Alejandro Dumas hace una combinación entre los dos personajes en su *Don Juan de Mañara* o *la caída de un ángel,* que reitera, además, en su *Viaje por España,* cuando llega a la Caridad y exclama: «¡Un hospicio fundado por Don Juan!». Tras la conversión, Mañara conoce a Pedro Martínez y entra en su hermandad en 1662. En breve tiempo es nombrado Hermano Mayor, escribe las reglas de la «Muy Humilde Hermandad» y teoriza sobre la muerte en su ascético *Discurso de la Verdad.*

nivel intermedio del bajo, se ven arcos ciegos lobulados, con columnilla central o ajimez.

En el siglo XVI se encontraba en estado ruinoso y fue necesario hacerle una importante obra de consolidación. El monumento aguantó hasta el siglo XVIII pero quedó fuertemente afectado por el terremoto de Lisboa en 1755.

En 1760, cuando se añadió el cuerpo alto, se arreglaron los desperfectos. Poco después se planteó su demolición para ensanchar el paseo de coches, que en aquella época estaba a orillas del río. La torre se salvó gracias a la oposición de los sevillanos, que incluso llegaron hasta el rey para evitarlo.

Un siglo después, con la revolución de 1868, la torre se puso en venta para aprovechar sus materiales de derribo y, una vez más, la acción popular logró que se quedara donde está.

El siglo XIX hace más justicia con la Torre del Oro y los románticos le devuelven su lugar de gloria junto a la Giralda, incluyéndola en las páginas de los libros de viajes como *La sultana del Guadalquivir.*

▲ Es tradicional que los enamorados pongan un candado en el puente de San Telmo (en la foto), o en el de Triana, como en París.

Esta torre no podía escapar de la leyenda y mucho menos de las que se relacionan con el rey Pedro I. Hay una tesis que dice que la torre se llama del Oro por los tesoros que el rey de Castilla guardaba allí; otras, más contrastadas, dicen que lo que el rey guardaba allí eran los más preciados tesoros de su corazón, sirviendo la torre de refugio para las damas que cortejaba. Uno de los amoríos más célebres fue el que mantuvo con Doña Aldonza, la hermana de su gran amor imposible, Doña María Coronel, que vivió en la torre custodiada por caballeros de confianza del rey mientras María de Padilla, la que fuera reina después de muerta, vivía en el alcázar.

Además de todo esto, la Torre del Oro sirvió como capilla y prisión; después, como almacén de pólvora y sede de las oficinas de la Compañía del río Guadalquivir. En la actualidad es el **Museo Naval** de la ciudad.

A la izquierda se ve el **puente de San Telmo,** construido entre 1925 y 1931, el cual tenía un tramo central móvil, que dejaba pasar las grandes embarcaciones hasta el puerto histórico. La abertura se sustituyó por un tramo fijo en 1960, con lo que quedó definitivamente desplazada la actividad portuaria hacia el sur.

II, C-D4-5
Puente de San Telmo

En la ribera derecha del río se encuentra la popular calle Betis, trianera cien por cien.

PALACIO DE CULTURA

Cruzando de nuevo el paseo de Cristóbal Colón y dejando atrás las calles Santander y Núñez de Balboa, se encuentra el palacio de Cultura, obra de Aurelio del Pozo y Luis Marín de Terán, inaugurado en 1991 con ocasión de la celebración de la Exposición Universal. Conocido por todos como el Teatro de la Maestranza, cuenta con un aforo de 1.800 localidades y un riquísimo programa cultural, donde destaca el ciclo de ópera, con importantes representaciones cada año.

II, C-D3
Palacio de Cultura
Paseo de Cristóbal Colón, s/n.

La gran portada enrejada, que se encuentra ante la entrada principal, es la original del Parque y Maestranza de Artillería, enclave militar del siglo pasado, que fue escenario de asaltos en las luchas cantonales de 1873.

El edificio se levanta sobre parte de los terrenos ocupados por las antiguas atarazanas reales o astilleros, realizados por el rey Alfonso X el Sabio en 1252 para la construcción de barcos y para el «fecho de allent mar contra la gente pagana».

Hospital de la Caridad
- Temprado, 3.
- 95 422 32 32.
- De lunes a sábado, de 9 h a 13.30 h y de 15.30 h a 19.30 h; domingo y festivos, de 9 h a 12.30 h.
- General: 5 €. Entrada gratuita domingo.

HOSPITAL DE LA CARIDAD *

Continuando por la calle Dos de Mayo se pueden ver: el edificio de la Jefatura de Artillería, la iglesia de San Jorge y el hospital de la Santa Caridad, tres edificaciones realizadas sobre el solar de las históricas atarazanas. Las **tumbas,** que se ven en la acera protegidas por una barandilla, pertenecen a los hermanos de la Santa Caridad, distinguidos por su servicio a los pobres del Hospital. Los nombres que figuran en las lápidas pertenecen a ilustres familias sevillanas porque esta hermandad fue la que más atrajo a la aristocracia sevillana, que sigue prestándole servicios y utilizando la capilla para las bodas.

II, C3
Iglesia de San Jorge

El origen de la **iglesia de San Jorge** se encuentra en la historia de un hombre llamado Pedro Martínez, que fundó por esta zona la cofradía de San Nicolás. La misión que se impuso a sí mismo fue la de enterrar los cadáveres que arrojaba la corriente del río. Poco a poco se hizo cargo también de dar sepultura a los ajusticiados y a los cargadores del puerto que sucumbían ante las ínfimas condiciones de trabajo. Se le conoció como Pedro de la Caridad, y consiguió que le cedieran la antigua Capilla Real de las atarazanas, que primero se llamó San Nicolás y posteriormente San Jorge.

El **Hospital de la Caridad,** fundado por Miguel de Mañara, merece especial atención porque se estima que es, junto al Museo de Bellas Artes y la catedral, una de las mejores pinacotecas de Sevilla.

Consta de tres salas, que se hicieron aprovechando las viejas naves góticas de las atarazanas.

El acceso al edificio, que sigue siendo asilo de ancianos, se hace a través de un gran patio, rodeado de arcadas y dividido en dos tramos cuadrados mediante un pasadizo volado sobre columnas. En el centro de cada uno de estos espacios se encuentran dos fuentes de mármol, de factura italiana, coronadas por grupos de la Misericordia y la Caridad. El **patio,** obra de Leonardo de Figueroa concluida en 1682, comunica con las tres salas; sus paredes están adornadas con siete paneles de azulejo holandés donde se representan escenas bíblicas.

Desde el patio, através de una pequeña dependencia en el ángulo izquierdo, se llega a la **iglesia,** cuya fachada presenta tres cuerpos de altura, de gran

simplicidad constructiva. Los recuadros de azulejos, que figuran en los pisos superiores, representan a San Jorge, Santiago, la Fe, la Esperanza, y la Caridad. Se dice que los dibujos son de Murillo, amigo íntimo de Mañara. En el muro, a la derecha de la fachada, se encuentra la placa conmemorativa de la fundación de las atarazanas.

El ***interior*** del templo es sencillo y consta de una sola nave con cuatro bóvedas de medio cañón y una pequeña cúpula antes del presbiterio.

Destacan los conjuntos de **yeserías** que adornan las bóvedas, y el de **pinturas** al fresco, obra de Valdés Leal, que aparece decorando las paredes del espacio anterior al presbiterio.

Miguel de Mañara programó el revestimiento del interior de la iglesia para que se entendiera el mensaje de que el cristiano solo puede conseguir la salvación eterna a través de la caridad. Para comprender este discurso hay que comenzar contemplando las pinturas de los muros laterales, que se encuentran bajo el coro; son las célebres postrimerías de Valdés Leal, dos obras maestras realizadas entre 1671 y 1672, que ilustran la esencia del *Libro de la verdad,* tituladas *In ictu oculi,* esto es, en un abrir y cerrar de ojos, porque es así como llega la muerte, y *Finis gloriae mundi,* impresionantes ambas por su realismo exagerado y sombrío; la alegoría continuaba con un conjunto de cuatro pinturas de Murillo, cuyos originales fueron sustraídos en 1810 por el mariscal Soult, situadas donde ahora se contemplan los cuatro paisajes bíblicos atribuidos a Miguel Luna y que rompen el primigenio sentido iconográfico; terminando el mensaje con los lienzos de Murillo *El milagro de la multiplicación de los panes, El milagro de las aguas de Moisés,* y su última obra de la serie *Misericordia,* que se encuentra en el retablo mayor.

El **retablo mayor,** iniciado en 1670 con trazas de Bernardo Simón de Pineda, es uno de los más fastuosos de la escultura española; está presidido por una repre-

▲ El Hospital de la Caridad es una de las mejores pinacotecas de Sevilla. De arriba abajo, *Moisés hace brotar agua de la roca* y *Santa Isabel de Hungría curando a los niños,* ambas obras de Bartolomé Esteban Murillo.

sentación del Entierro de Cristo, una de las mejores obras de Pedro Roldán, realizada entre 1670 y 1674. A ambos lados aparecen esculturas de San Jorge y San Roque, y en la parte superior la Fe, la Caridad, y la Esperanza. En el lado izquierdo del presbiterio se encuentra una escalera que conduce a la **cripta,** donde yace el fundador.

En el muro derecho se encuentra otro Murillo, realizado en 1662, con la imagen de un San Juan de Dios transportando a un enfermo, y en el que el rostro del santo es un retrato de Mañara. A continuación se contempla otro retablo, de Bernardo Simón de Pineda, con una Anunciación, también de Murillo.

Destaca el diseño del **púlpito** de hierro, coronado por una escultura de la Caridad, de Pedro Roldán. El animal monstruoso, que aparece bajo la escalera simbolizando el mal vencido, es obra de Bernardo Simón de Pineda. En la parte superior del retablo se encuentra un *Niño Jesús* de Murillo, que destaca por ser uno de los más bellos prototipos infantiles del pintor. En el **retablo** siguiente se encuentra la escultura del *Cristo de la Caridad,* de Francisco Antonio Gijón, de la que se afirma que el patetismo que transmite el Cristo es difícilmente superable.

El atractivo de las tocas azafranadas

Cuando Sevilla pasó de manos musulmanas a otras cristianas, los reglamentos que regulaban el «oficio más viejo del mundo» disponían la reclusión de las mancebas en los «monasterios de malas mujeres», bajo el mandato de una abadesa. También se dispuso el modo en que deberían vestirse para salir a la calle, de tal modo que quedara claro su rango de mujeres pecadoras. El distintivo consistió en una toca azafranada que debió de quedar tan favorecedor al contraste de sus rasgos morenos y ojos negros, que tanto las casadas como las solteras honradas hicieron suya la moda del tejido azafrán para cubrir sus cabezas, aun a riesgo de insultos y confusiones. La popularidad de prenda tan atractiva fue tal que obligó a que las autoridades inventaran nuevos distintivos de ignominia para las mujeres públicas. El que dispusieron los Reyes Católicos consistió en un prendedero de oropel en la cabeza, que las mujeres alegres se ponían con tal gracia y donaire que aún se veían más favorecidas con sus mantillas amarillas. De nuevo las mujeres honradas reaccionaron ante las miradas de admiración que el adorno producía en los hombres, como ya hicieron con la toca, y copiaron el prendedero. De nuevo ganó la moda de las castas y las prostitutas se vieron obligadas a señalar su pecado en público ocultando sus encantos bajo un lúgubre paño negro.

El **retablo de San José** es obra también de Bernardo Simón de Pineda, y la escultura central, de Cristóbal Ramos. En el remate se contempla un San Juan Bautista niño, pintado sobre tabla, de Murillo.

En un recoleto patio interior muy próximo al principal se encuentran los rosales traídos por Mañara en 1671, que se mantienen intactos sin cambio de tierra ni ubicación desde hace más de 300 años.

En la salida del Hospital se encuentra una pequeña **pileta** del siglo XVII, apenas perceptible, que se colocó ahí por orden del fundador para que pudieran beber los perros sedientos.

En el exterior, frente al edificio, se puede observar una **estatua** del fundador, firmada por el escultor sevillano Antonio Susillo.

POSTIGO DEL ACEITE

Bajando por la fachada de las viejas atarazanas se llega al postigo de los Azacanes, más conocido como postigo del Aceite. Su construcción data de 1107, cuando el almorávide Alí Ben Yusuf realizó unas obras de prolongación de la muralla, que ampliaron en dos veces la superficie de la ciudad. Este viejo postigo árabe se reformó en 1573, por lo que el aspecto que muestra en

◀ Postigo del Aceite y detalle de la Pura y Limpia Concepción de María Santísima.

la actualidad es el fruto de la ampliación llevada a cabo por el arquitecto Tortello, bajo el mandato del conde de Barajas, de cuyo trabajo destaca la fachada principal.

El postigo del Aceite debe su denominación a que era este el lugar por donde entraban las grasas para ser registradas en el edificio vecino de la aduana. En Sevilla el negocio del aceite ya fue importante en el Imperio Romano, llegándose a afirmar que el Monte Testaccio de Roma está formado con los restos de las ánforas que llevaban los barcos del Guadalquivir a la capital del imperio.

Junto al muro se encuentra una pequeña capilla donde se rinde culto a la **imagen** barroca de la Pura y Limpia Concepción de María Santísima.

Algunos sevillanos sostienen que el postigo no fue derribado por respeto a la devoción de la Virgen.

II, C2-3
El Arenal

EL ARENAL

El edificio que se encuentra junto al postigo, como una isleta entre las calles Dos de Mayo y Arfe, es un antiguo mercado de abastos, que se mantiene con puestos de artesanos en la puerta que comunica el Arenal con el centro monumental de la ciudad.

El Arenal es el sector en el que se agrupan los barrios portuarios y uno de los lugares comunes en la literatura de Cervantes, Quevedo o Lope.

El itinerario continúa por la calle Arfe, una vía con pequeños comercios, que ya fue importante cuando pícaros, negros y esclavos tenían montado su emporio por estas calles.

La segunda bocacalle de la izquierda, ahora llamada Varflora, era la calle Carretería, donde se encuentra la **capilla de la Carretería,** sede de una hermandad fundada por el gremio de toneleros y carreteros, en la que se da culto a las imágenes del Cristo de la Salud y Nuestra Señora del Mayor Dolor.

Continuando por la calle Arfe se llega hasta la encrucijada con las calles García de Vinuesa, Harinas, Castelar, Antonia Díaz y Adriano. Son vías que han perdido interés pero que fueron puntos de vida neurálgicos hasta que se cortó la corriente del río.

La calle García de Vinuesa conduce directamente a las gradas de la catedral. En la calle Castelar durante un tiempo estuvo concentrado el barrio oficial de burdeles públicos, llamado el Compás de la Laguna; y en la primera bocacalle a mano derecha, denominada calle Gamazo, se encontraba el **Arquillo de Atocha,** única puerta que abría el muro que separaba los prostíbulos del resto de la ciudad. En este lugar se inventó la zarabanda, la danza más sensual del siglo XVI, en un tiempo en el que se contaron por millares las prostitutas que recibían a la cosmopolita clientela que atraía el puerto de Indias.

Los prostíbulos decayeron cuando el tráfico de mercancías se desplazó a Cádiz, y el Compás de la Laguna pasó a ser célebre como **baratillo** o malbaratillo, con centro en la calle Adriano, que se contempla al frente.

El barrio tomó este nombre por un mercadillo diario que organizaron los ropavejeros, chamarileros y ladrones para vender el fruto de sus hurtos. Fue una feria sin licencia real pero a la que acudían desde los mendigos hasta las señoras de más alta alcurnia en busca de las gangas.

De todos los barrios del milenario Arenal este del Baratillo es el más importante de la Sevilla moderna, por ser enclave de añeja tradición taurina.

En la calle Adriano se encuentra, a mano izquierda, la **capilla del Baratillo,** con las imágenes de Nuestra Señora de la Piedad y el Cristo de la Misericordia; este último forma un paso procesional de Semana Santa, con un grupo escultórico que representa la clásica *Pietà* renacentista. Es una de las hermandades que cuenta con mayor número de toreros entre sus cofrades.

Los toros y los toreros

La plaza de toros de Sevilla, propiedad de la Real Maestranza de Caballería, es famosa no solo por su belleza, sino también porque supone ratificar el triunfo o el fracaso de un torero ante la entendida afición. Todos los años se acicala y renueva el albero para la brillantísima temporada que ocupa las fechas de la Feria de Abril (21 corridas de abono); entonces los tendidos suponen un singular acto social en que se dan cita las élites del país.

En la zona principal, bajo los tendidos, se ha creado un completo Museo Taurino que se puede visitar durante todo el año (ver apartado de Museos).

En el cementerio de San Fernando se encuentra el Panteón del legendario torero Joselito, formado por una espléndida escultura de Benlliure; es clásico, como también lo es su monumento en Gelves y como lo fue su toreo. La sepultura del rebelde Belmonte es de mármol negro y revolucionario diseño; así como su monumento en Triana, que rompe los moldes estéticos y como, en fín, era su estilo de torear.

Por último, otro ídolo de la Maestranza, Paquirri, descansa en el mismo cementerio bajo una escultura que nada tiene que ver con el arte y mucho con la fuerza en sus proporciones. Todo ello compone un impensado pero cabal simbolismo.

PLAZA DE TOROS *

La calle Antonia Díaz concluye en el paseo Cristóbal Colón, donde se encuentra la puerta principal de la plaza de toros, uno de los monumentos más representativos de la Sevilla del siglo XVIII. Es, junto a la de Ronda y la de santa Cruz de Mudela, una de las más antiguas y artísticas de España. Para un amplio sector de aficionados esta es la catedral indiscutible del toreo.

Como edificación, la plaza de toros se distingue por su colorido, en el que se combina la intensidad dorada del albero, la cal, el mármol y el ladrillo.

La Real Maestranza de Caballería es una corporación nobiliaria, con orígenes en los tiempos de la Reconquista aunque su reorganización data del siglo XVII. Esta institución es la propietaria de la plaza. Felipe V dispuso que el hermano mayor fuera siempre una persona real y es por ello que el palco principal permanece cerrado en ausencia del rey don Juan Carlos o los miembros de la familia real.

La nueva plaza de toros comenzó a edificarse sobre la antigua en 1761, con los planos del arquitecto Vicente San Martín. Tardó 119 años en concluirse pero, aún así, se siguió toreando en el mismo lugar, y ya desde el año siguiente al inicio de las obras se celebraron corridas hasta de 20 toros. En estos tiempos se vivieron los grandes hitos de la escuela taurina sevillana del siglo XVIII, la más importante, junto a su rival la rondeña, para la interpretación de la tauromaquia en este siglo.

En 1787 ya se había levantado la tercera parte y la totalidad de la fachada, manteniéndose en el resto la vieja estructura de madera. Fernado VII impulsa fuertemente la Maestranza y, en 1830, el mismo año en que cierra las Universidades, crea la Escuela de Tauromaquia en el sevillano barrio de San Bernardo. La plaza se concluyó con planta casi circular y cubriendo los tendidos altos con arcos de medio punto sobre columnas de mármol, que culminan en un tejado.

La fachada principal se terminó con un gran arco de medio punto, bordeado por columnas toscanas, y un entablamento sobre el que se encuentra un balcón rematado en frontón.

Tras la **puerta del Príncipe** se encuentra el palco principal o del Príncipe, con un arco de medio punto, flanqueado por columnas jónicas arropando el balcón.

A ambos lados del palco hay columnas corintias, sobre las que se levanta un arco escarzano en cuyo tímpano se representa el escudo real y dos figuras alegóricas. Esta es la puerta por donde salen a hombros los toreros que han triunfado.

Desde 1977, a raíz de unas obras de acondicionamiento de los pisos bajos, la plaza de toros cuenta con

◄▲ En la página anterior y sobre estas líneas, dos estampas de la plaza de Toros de Sevilla.

unas dependecias habilitadas como **Museo Taurino,** en el que se expone, además de interesantes recuerdos históricos y artes de la faena, un capote pintado por Picasso.

El edificio encalado, que se ve contiguo y adosado al círculo de la plaza, alberga la **casa** y **capilla de la Real Maestranza de Caballería.** Son dos construcciones levantadas con los planos ejecutados por Aníbal González en 1929 y llevadas a cabo por diversos arquitectos. En la casa de la Real Maestranza, sobresale la **biblioteca,** con pinturas al temple de Hohenleiter.

Justo enfrente de la plaza de toros, al otro lado del paseo de Colón, se encuentra la **estatua de Carmen la Cigarrera,** obra del escultor Sebastián Santos Rojas, más famosa por la ópera de Bizet que por el texto de Prosper Mérimée.

La escultura se sitúa entre la calle Betis, donde tenía el domicilio, y la plaza de toros, lugar donde el puñal de José le dio la muerte, mientras aún se escuchaban los vítores para su «toreador».

II, D2-3
Plaza de Toros de la Maestranza Museo Taurino
Paseo de Cristóbal Colón, 12.
902 22 35 06 y 95 422 45 77.
www.realmaestranza.com

PUENTE DE TRIANA

Se continúa caminando por el paseo de Cristóbal Colón, en dirección al puente de Triana, pero bajando hasta el histórico muelle de la sal, o muelle antiguo, donde se encuentra el **monumento a la Tolerancia,** realizado por el escultor vasco Eduardo Chillida, incluido en el programa de la Exposición Universal del 92.

El **puente de Triana** es el primer puente en la historia que atraviesa el Gualdalquivir a su paso por la ciudad. La necesidad de construir un enlace fijo, que uniera Sevilla y Triana, ya se había planteado en el siglo XVII pero el proyecto no fue aprobado hasta 1844.

Aunque el puente se concluyó en 1852 con el nombre de puente de Isabel II, siempre ganó la denominación

I, C-3-4
Puente de Triana

▼ Traje de luces.

popular de puente de Triana. Es una construcción de hierro y estribos de piedra, realizado sin madera, según el modelo del ya desaparecido Carroussel de París. Los constructores fueron Fernando Bernardet y Gustavo Steinacher, que terminaron el proyecto con tres arcos de luz de 43,3 m y un arco marinero de sillería. Los arcos del puente fueron construidos en Sevilla por la Fundición de San Antonio, propiedad del catalán Narciso Bonaplata, uno de los dos promotores de la Feria de Abril. El puente se construyó en el lugar donde se situaba el puente de Tablas, también llamado de las Barcas, y que fue el único punto en el que existió siempre una comunicación regular entre ambas riberas. Justo en la entrada del puente, en la calle Arjona, se encuentra la estructura metálica del antiguo **mercado del Barranco.**

I, C4
Mercado del Barranco

▲ Puente de Triana.

Desde mediados de siglo quiso convertirse en mercado de flores y más tarde en mercado de artesanía infantil pero fueron proyectos frustrados y estuvo abandonado hasta hace escasos años en que se acondicionó como Sala de Exposiciones.

Destrás del puente de Triana se ve el **puente de Chapina,** concluido en 1991 sin tocar el río en ninguno de sus puntos. Fue un puente construido en seco sobre la tierra que cortó el cauce del río en 1948, inspirándose en el puente de Alejandro III de París. Popularmente es conocido como del Cachorro, en honor a la imagen del Cristo del Cachorro que se venera en la capilla que toma su mismo nombre a escasos metros del puente.

Al fondo se contemplan ya las innovadoras construcciones de la Expo 92 pero, sobre todo, se ve de nuevo el cauce del río Guadalquivir, elemento esencial de la Sevilla de todos los tiempos.

OTROS LUGARES DE INTERÉS

MACARENA Y CONVENTOS

El barrio de la Macarena es uno de los menos afectados por el éxodo y la desmembración social que supuso el derribo de las casas antiguas.

Es, además, el núcleo de la urbe que mejor mantiene sus señas castizas y en el que aún persiste un habla peculiar, lleno de giros y contracciones, que fue adoptado por el resto de la ciudad.

Se afirma que durante la dominación romana ya existía aquí un núcleo de población. De hecho, todos los indicios apuntan a que el nombre procede de Macaria, hija de Hércules, en cuyo honor se construyó esta puerta de la ciudad del Betis. El barrio alcanza entidad administrativa bajo el reinado de Carlos III con la repartición llevada a cabo por el asistente Olavide, que lo diferencia como uno de los cinco arrabales que circundaban los cuatro cuarteles, o barrios principales.

El itinerario comienza en la ronda de Capuchinos, a la altura de la ya desaparecida **puerta de Córdoba,** donde se encuentra el único lienzo de muralla que queda de la antigua ciudad fortificada.

La **capilla de San Hermenegildo** está adosada al paño de muralla que unía la puerta de Córdoba, derribada en 1872, con la puerta de la Macarena. La capilla está levantada sobre el lugar donde, según se dice, fue martirizado el santo rey visigodo.

Detrás se encuentra la **iglesia de San Julián**. Es un templo de mediados del siglo XIV, con portada gótica y estatuas en el alfiz que flanquea la puerta.

El interior consta de tres naves separadas por arcos ojivales y conserva obras de arte de los siglos XVII y XVIII.

Volviendo a la puerta de Córdoba, de frente y semioculto tras la gasolinera, se ve el **convento de los Capuchinos**, cuya iglesia es de escaso valor artístico pero de gran tradición y culto popular porque, según cuenta la leyenda, en 1703 la Virgen, vestida de pastora, descendió hasta el coro del templo y ordenó a fray Isidoro de Sevilla que predicara la devoción mariana de la Divina Pastora; devoción que cuajó profundamente en toda la provincia, y en Andalucía en general. Como ejemplo baste recordar la famosa Virgen del Rocío de Almonte.

La **muralla** data del siglo XII. Fue construida por los almorávides sobre los restos de una fortificación romana y, posteriormente, reformada y ampliada por almohades y cristianos. Está realizada en tapial, con cal y guijarros, alcanzando un grosor de 2 m. El sector está precedido por una barbacana, y desde la puerta de Córdoba hasta la Macarena se suceden siete torreones cuadrados y una torre poligonal, conocida como la **Torre Blanca**.

▲ Muralla de Sevilla.

I, B1-2
Macarena y conventos

I, B1
Capilla de San Hermenegildo
Iglesia de San Julián
Convento de los Capuchinos
Muralla

I, B1
Arco de la Macarena
Hospital de la Sangre
Basílica de la Macarena

El **arco de la Macarena** se encuentra desligado del muro y muy deformado tras las sucesivas modificaciones que ha sufrido desde el siglo XVI. Su aspecto de arco triunfal, enmarcado en pilastras y rematado con jarrones, corresponde a la obra realizada por José Echamorro en el siglo XIX.

Frente al arco de la Macarena se encuentra el **Hospital de la Sangre** o de las Cinco Llagas, uno de los edificios renacentistas más importantes y amplios de Sevilla. Tuvo más de 1.000 camas y, aunque nunca se terminó del todo, fue el mayor hospital europeo de la época. Su fundación se debe a Catalina de Ribera, benefactora de la ciudad. La construcción se inició en 1545 a cargo de Martín Gaínza pero, como se prolongó hasta el siglo XVII, le sucedieron en las obras Hernán Ruiz, Benvenuto Tortello y Asensi di Maeda.

Sirvió como hospital público tras la desamortización del 1837 y permaneció activo hasta los años 60 de este siglo. En la actualidad es sede del Parlamento Andaluz.

La **iglesia** es una muestra del manierismo español, con **portada** de Hernán Ruiz en la que se encuentra el **retablo mayor,** de Maeda, fechado en el año 1601.

Tras el arco o puerta de la Macarena se halla la **basílica de la Macarena**, templo de fervor popular de Sevilla. El edificio, a pesar de su apariencia barroca, fue levantado entre 1941 y 1949, según proyecto del arquitecto Gómez Millán.

En el interior de la basílica se encuentra la célebre y bella imagen de la *Virgen de la Esperanza Macarena,* arquetipo de todas las dolorosas de Sevilla. Se trata de una talla barroca, de autor desconocido aunque popular-

▼ Durante *la Madrugá,* miles de sevillanos acompañan a la Virgen de la Macarena.

mente se atribuye a Luisa Roldán, "La Roldana", porque dicen que solo una gubia en manos de una mujer pudo tallar la soberanía de sus rasgos. El Cristo es el llamado *Nuestro Padre Jesús de la Sentencia,* obra de Felipe Morales, de 1654. *La Virgen del Rosario* data del siglo XVIII y se atribuye a Pedro Duque Cornejo. Es interesante la visita al **museo,** donde se exponen el tesoro y las joyas de la Virgen.

Junto a la basílica, en la calle San Luis, se encuentra la **iglesia de San Gil**, del siglo XIII, muy modificada en sucesivas etapas y saqueada en 1936.

El cuerpo de la **torre** es mudéjar y su campanario, de gusto barroco. Son interesantes los alicatados del **zócalo** del presbiterio, del siglo XIII, y la **reja** que lo cierra, de 1623. Entre sus muros se encuentran obras de los siglos XVII al XX; destacan los lienzos de la nave izquierda, realizados por Juan Espinal en 1770. Posee interesantes muestras de **orfebrería** cordobesa.

En esta misma calle está la **iglesia de Santa Marina,** obra mudéjar del siglo XIV, de la que solo se puede contemplar la **fachada** porque el resto fue destruido en un incendio.

Unos metros más adelante, casi enfrente y contrastando con la austeridad de Santa Marina, se ve la desbordante **fachada** de la **iglesia de San Luis,** una de las más impresionantes del barroco sevillano. La construcción la inició Leonardo de Figueroa en 1699 y se concluyó en 1733. Esta fachada, con dos cuerpos, alterna la piedra y el ladrillo y está flanqueada por dos **torres** octogonales con chapiteles vidriados, que añaden un elemento más a la espectacular policromía

I, B1
Iglesia de San Gil
Iglesia de Santa Marina

I, B1-2
Iglesia de San Luis

▼ Hospital de la Sangre, también llamado de las Cinco Llagas.

▲ El convento de Santa Isabel data de finales del siglo XV.

I, B2
Iglesia de San Marcos
Convento de Santa María del Socorro
Convento de Santa Paula

del conjunto. El ***interior,*** con suntuosa y bellísima ornamentación, presenta **pinturas** de Lucas Valdés en la cúpula. El retablo mayor, los laterales, dedicados a San Francisco de Borja y San Estanislao de Kostka, y el de la capilla doméstica, de una sola nave y cúpula elíptica en el presbiterio, son obra de Pedro Duque Cornejo.

La prolongación de la calle San Luis se denomina Bustos Tavera, y en la confluencia se ve ya la pequeña giralda cristiana de la **iglesia de San Marcos**, que da nombre a la plaza.

Por sus líneas arquitectónicas es uno de los templos gótico-mudéjares más interesantes de Sevilla. La combinación de los estilos se ve en la **fachada,** que tiene arquivoltas góticas y un friso terminado con una red de arcos lobulados dibujando rombos, al modo de *sebka,* motivo que se repite en la zona alta de la **torre** mudéjar. Presenta un aspecto grácil, propio de las iglesias mudéjares sevillanas, y sigue su esquema típico, esto es, separar las tres naves con arcos ojivales. El interior de la iglesia quedó destruido en un incendio. Este templo tuvo dos imágenes de San Marcos, una de Martínez Montañés, que desapareció, y la que se encuentra en la cabecera de la nave izquierda, que es una excelente obra atribuida a Juan de Mesa.

En la calle Socorro se encuentra la **iglesia** del **convento de Santa María del Socorro**, de tipo convencional con planta de cajón, muy común en Sevilla a lo largo de los siglos XVI y XVII. Su aspecto original se encuentra muy deteriorado por las sucesivas reformas acometidas en los siglos XVIII y XIX. El **zócalo** de azulejos que rodea los muros del templo es de 1909. Incluso el **retablo mayor** barroco de 1630 fue repintado en época neoclásica. Las piezas de orfebrería son escasas pero de gran valor; conserva un cáliz y un copón renacentistas con representación de la Inmaculada.

Desde la plaza de San Marcos se llega a la cercana plaza de Santa Isabel, donde se encuentra el **convento de Santa Isabel,** fundado por una ilustre dama sevillana a finales del siglo XV. Fue sometido a grandes reformas en el siglo pasado porque se convirtió en cárcel de mujeres después de la exclaustración de 1835.

Desde el punto de vista artístico es interesante la **iglesia,** reconstruida completamente a principios del siglo XVII y con una **portada principal,** ahora en desuso, que se estima como la principal obra arquitectónica de su tiempo. El **retablo mayor** es obra de Juan de Mesa y Antonio de Santa Cruz.

A continuación se halla el **convento de Santa Paula,** con una de las **espadañas** más bellas de Andalucía. La pequeña portada principal tiene un azulejo de la santa, colocado el siglo pasado en sustitución del original.

Un recogido compás da paso al entorno conventual y a la espléndida **portada** de la iglesia, realizada en el siglo XV en estilo gótico con elementos mudéjares y renacentistas, en cuya ornamentación colaboraron Pedro Millán y Niculoso Pisano, responsable de la cerámica.

En el interior, de una nave, destaca el **artesonado,** realizado en 1623 por Diego López de Arenas. Cuenta con dos **retablos** importantes, uno, de Alonso Cano, dedicado a San Juan Evangelista, con una imagen titular de Martínez Montañés, y otro, de Felipe de Rivas, también con talla de Montañés. El **Crucificado** es del siglo XV. El **museo** es un abigarrado compendio de obras de arte de notable interés. Desde la sala San Isidoro del museo se contempla la sobria belleza de un amplio **claustro** del siglo XVII y la austeridad de otro, mudéjar, más pequeño, ambos dentro de la clausura.

Son famosos los dulces que elaboran las monjas de este convento, especialistas en mermeladas y confituras artesanales.

Por la calle Enladrillada se alcanza la **iglesia de San Román,** en la plaza del mismo nombre. Es una iglesia de estilo gótico-mudéjar, con tres naves de cuatro tramos cada una, cubiertas con artesonado de madera. Se reedificó en 1356, conservándose de la etapa fundacional solamente la portada de los pies, en la que existe un arco apuntado con arquivoltas. La **torre** es de principios del siglo XVIII y está rematada por un cuerpo de campanas. Es un templo de gran devoción para los gitanos, los cuales acuden a la plaza en la noche del Jueves Santo para acompañar el paso procesional del llamado Cristo de los Gitanos, que sale de esta iglesia.

Siguiendo por la calle Sol, se llega a la **iglesia de los Terceros,** que preside la plaza del mismo nombre. El templo perteneció a los Padres Terceros de la Orden Franciscana, después pasó a los Escolapios y en la actualidad es sede de una hermandad llamada La Cena. La fachada es del siglo XVIII y el ***interior,*** del XVII, de una sola nave con cúpula sobre el crucero. El **retablo mayor** está presidido por un grupo de la Cena, realizado por Ortega Bru. En el coro se encuentra un **órgano** de trompetería.

Desde los Terceros, volviendo por la calle Bustos Tavera, la primera calle de la izquierda conduce hasta el **palacio de las Dueñas,** situado en el número 5 de la calle homónima. Es un bello ejemplar de casa palaciega sevillana en la que se combinan las tradiciones romana y musulmana y donde se puede apreciar el modo de entender y vivir la ciudad de las grandes familias. Es una casa del siglo XV en cuya portada hay un **escudo de armas** en cerámica del siglo XVIII. Traspasada la entrada, se abre el espacio del picadero, rodeado de caballerizas

▲ A la torre de la iglesia de San Marcos se la conoce como la pequeña Giralda cristiana.

I, B2
Palacio de las Dueñas
Iglesia de los Terceros

Las tapas

El café de *La Iberia* es el punto cero de la tapa. «Tapa» es una palabra que hay que aprender para poder entrar en algo tan importante para el viajero como es el conocimiento de la cultura culinaria de los nativos. Será difícil luego transcribir la fonética con la que los sevillanos pronuncian las miles de variedades, pero tapa es tapa y con saber eso ya se come algo.
El antecedente del invento es bien reciente porque, aunque no lo parezca, es de principios del siglo XX.
Se cuenta que los tertulianos del Círculo de Labradores, que aún están ahí un poco más adelante de la calle, cuando llegaba la hora del aperitivo encargaban la manzanilla en *La Iberia.* Manzanilla es un vino sanluqueño blanco, seco, y exquisito aunque menos conocido que el Jerez, que hay que tomar fresquito.
Alguien un día pidió que le trajeran la manzanilla con algo que la tapara, y al dueño del bar se le ocurrió que, mejor que un plato sería una loncha de jamón; la ocurrencia se convirtió en hábito y luego en negocio que ya se ofrecía en la barra del café.

y cocheras, ahora jardín. Al fondo se encuentra el apeadero y, detrás, el imprescindible patio principal, en el cual destacan las **yeserías** platerescas y la **balaustrada** de estilo gótico. En esta casa murió Eugenia de Montijo, y en ella nacieron en 1874 y 1875 los poetas Manuel y Antonio Machado, hijos de un elevado empleado de los duques. En la actualidad es propiedad de los duques de Alba y solo se visita si se solicita permiso por escrito.

Por San Juan de la Palma se llega a la calle Feria, sector este donde todos los jueves del año, excepto en Semana Santa, se realiza el célebre mercadillo denominado *El Jueves.*

TRIANA

Comienza la visita cruzando el río por el puente de San Telmo. La ribera que se contempla a la izquierda corresponde al llamado **Puerto de las Mulas,** lugar donde rendían viaje los barcos que llegaban de ultramar y no formaban parte de la Flota de Indias. Aquí fue donde desembarcó la nao Victoria con Juan Sebastián Elcano y los 18 supervivientes que culminaron la primera vuelta al mundo.

Sobre el muelle, entre modernos edificios, destacan las soberbias líneas coloniales del **Instituto de Cultura Hispano Cubano,** ocupando el edificio del antiguo convento de los carmelitas descalzos de Santa María de los Remedios.

En el centro se contempla la plaza de Cuba, al fondo la avenida de República Argentina, y en el ángulo de la izquierda, la calle Asunción, ejes del abigarrado barrio de los Remedios, moderno centro neurálgico de negocios, comercios y ambiente nocturno.

A la derecha del puente se halla el **barrio de Triana,** que, según la tradición, toma el nombre del emperador romano Trajano, transformado luego por los árabes en *Tarayanah*. También se asegura que el vocablo procede de una simbiosis del idioma celta, en el que ana es río, y del latino, que añadió el prefijo porque antiguamente pasaban por la zona tres brazos de agua.

I, C-D4
Triana

Se entra en el barrio por la calle Betis, nombre con el que los romanos denominaron al Guadalquivir. Esta es una de las vías principales de un núcleo de población de tradición marinera y alfarera, y cuna de conocidas dinastías de artistas del cante y del toreo.

Triana se asienta sobre la vega de la que se extrajeron los barros para la construcción de las vasijas que, una vez desechadas, formaron el monte Testaccio de Roma y sirvieron para que los romanos transportaran los cereales, el vino y la cotizada pasta del pescado, denominada *garum*. De aquí también salieron los ladrillos de la Giralda y otros monumentos y edificios de la ciudad.

La bocacalle de la izquierda, llamada Gonzalo Segovia, fue el antiguo Huerto Camaronero, lugar donde se encontró el célebre molino de pólvora que suministraba a la Flota de Indias y que estalló en 1579 con una onda expansiva que, además de destruir medio barrio de Triana, alcanzó a romper las vidrieras de la catedral.

Caminando en dirección al río, en la primera calle a la izquierda, denominada Pureza, se halla la **iglesia de Santa Ana**, de estilo gótico cisterciense. Fue la catedral de Triana hasta que se construyó el puente, porque este era el templo donde hacían estación de penitencia las cofradías del barrio en Semana Santa. Data de 1276 y es fruto de la promesa que el rey Alfonso X el Sabio hizo de construir una iglesia para la madre de la Virgen si se le curaba una enfermedad de los ojos.

I, C-4
Iglesia de Santa Ana

Reedificada en el siglo XIV y remodelada en los siglos XV y XVI, tuvo que ser de nuevo reconstruida tras el terremoto de 1755. Presenta muros en ladrillo, lo que le otorga un cierto aspecto mudéjar, extraño en la transición del románico al gótico. Uno de los vestigios más antiguos que se mantienen es el arranque de la torre. El interior consta de tres naves cubiertas por bóvedas separadas por arcos apuntados. Destacan la **Capilla Sacramental,** del siglo XVI, decorada con yeserías, y la **Bautismal,** también del siglo XVI.

En esta iglesia se venera la imagen de la Virgen de la Victoria, que antes se encontraba en el convento de los Remedios y ante la que rezó Elcano cuando culminó su hazaña en el Puerto de las Mulas.

◀ Forma parte de la cultura y tradición sevillanas salir de tapas.

▲ Patio típico sevillano del barrio de Triana.

Entre las numerosas obras de arte que se contemplan en retablos, imaginería, orfebrería y pintura, aparecen nombres de artistas importantes, como Alejo Fernández, Miguel Cano, Juan del Castillo, Hernando de Esturmio, o la escuela de la Roldana. No obstante, la pieza más valiosa es el **retablo mayor,** de Nufro de Ortega y Nicolás Jurate, con pinturas de Pedro de Campaña.

En este templo se encuentra la famosa **pila de los Gitanos,** que, según la tradición, otorga a los niños bautizados en ella las cualidades de ser flamencos y estar dotados de buena voz para el cante. Llama la atención la cerámica funeraria denominada del Negro. Es un **sepulcro** renacentista de Niculoso Pisano, fechado en 1503 y que corresponde a Íñigo López, según unos, y a un esclavo negro que fue asesinado por su dueño, según otros. La azulejería de la tumba se encuentra deteriorada, a pesar de las protecciones que se han ido sucediendo, porque se mantiene viva la creencia de que el Negro tiene poderes y que las jóvenes que logran darle una patada se casan. Siguiendo la calle Pureza se encuentra uno de los centros de más peso en el barrio, la **capilla de los Marineros,** construida entre 1759 y 1815. Es la sede de una hermandad del siglo XVI, que tiene como devoción a Jesús de las Tres Caídas y Nuestra Señora de la Esperanza.

Esta Virgen, que cada Jueves Santo compite con la Macarena por la pasión de los sevillanos, se muestra en un altar barroco, originario de Osuna, junto a esculturas y pinturas del siglo XVIII.

Desde la calle Pureza, en dirección sur y hacia la izquierda, se llega a las calles Rocío y Flota, donde aún existen algunas casas de típico estilo trianero.

Flota termina en la calle Rodrigo de Triana y, torciendo en el primer cruce a la izquierda, por la calle Victoria, se alcanza la calle Pagés del Corro, la cual desde el siglo XVI estuvo ocupada por corrales de vecinos, que eran casas comunitarias muy humildes, habitadas por un vecindario que compartía patio, zonas de servicios y cocina. Los corrales fueron el escenario de las Cruces de Mayo, una tradición festiva que aún se mantiene y que tiene su origen en las fiestas romanas de la primavera.

Esta zona de Pagés del Corro correspondía a lo que se llamó Cava de Los Gitanos, para diferenciarla del lugar donde habitaban los payos.

En la actualidad es difícil encontrar gitanos trianeros porque durante el siglo XX se dispersaron y se fueron concentrando en el extrarradio.

I, D4
Iglesia de San Jacinto

Por esta calle se llega a la **iglesia de San Jacinto** propiedad del convento de los dominicos con el que forma cuerpo. Aunque fue un templo muy rico, los frailes vendieron gran parte de los cuadros y altares y apenas quedan obras de arte reseñables. En la plazoleta de la entrada se contempla un hermoso ejemplar, varias veces centenario, de ficus americano.

Cruzando la calle San Jacinto, se entra en lo que se conocía como Cava de los Civiles, lugar donde residían los trianeros no gitanos.

La primera esquina de la izquierda es la calle Covadonga, urbanizada con piedras de Itálica y donde se encuentra la **casa de los Pintores**, antiguo corral de vecinos mal conservado, que ahora está ocupado por artistas.

◂ La capilla del Carmen, conocida popularmente como *el Mechero*, fue construida en 1926 por Aníbal González.

▶ Una de las calles del popular barrio de Triana.

Tanto en esta calle como en la de Antillano Campos, la primera que la cruza, se encuentran diversas tiendas de alfarería, que siguen haciendo honor a una tradición milenaria en el barrio. Las santas Justa y Rufina, patronas de la ciudad, que con fecuencia se ven representadas escoltando a la Giralda, fueron dos cacharreras o alfareras trianeras que llegaron a ser las primeras mártires de Sevilla por negarse a seguir una procesión romana en honor a la diosa Venus. También fueron trianeros todos los azulejos que adornaron las edificaciones y monumentos desde los tiempos almohades, y se dice que fue un niño de este barrio el que inventó los valiosos azulejos de reflejos dorados que luego adornaron la Torre del Oro. El hecho sucedió cuando el niño intentó recuperar una bola que había dejado caer en un horno de alfarería con un bastón de contera de cobre.

En el cruce de Alfarería con Antillano de Campos, a la izquierda, se ven los patios de algunos de los escasos corrales de vecinos que aún quedan.

Siguiendo por Antillano Campos se halla la confluencia de la calle San Jorge con las de Callao y Castilla, frente a la cual se puede observar el **arco** del callejón de la Inquisición, último vestigio del temido castillo trianero, que los Reyes Católicos cedieron al Tribunal del Santo Oficio en el año 1482, y que fue derribado en el siglo XIX. En este entorno sitúa Bécquer su famosa leyenda de *La Promesa*.

Este pasaje hacia el río tuvo como finalidad la de servir de embarcadero para que los condenados por la Inquisición no fueran vistos por el pueblo cuando entraban al castillo o cuando se les sacaba muertos o condenados a galeras.

Desde la acera del callejón se contempla el rincón donde estaba la puerta del **mercado de Triana**, popular y conocido por la calidad de sus productos. El mercado se construyó sobre los restos del castillo árabe de Triana, llamado de San Jorge tras la Reconquista, que hoy se puede apreciar desde uno de los laterales del mercado.

Siguiendo la calle Castilla, en la acera de la derecha, se contempla una de las casas de vecinos mejor conservadas del barrio; y un poco más adelante, la fachada de **iglesia de la O,** concluida en 1702, en la que destacan las imágenes de Nuestra Señora de la O, una de las Vírgenes sevillanas más perfecta, obra de Castillo Lastrucci, y la de un Jesús Nazareno del siglo XVII, realizado por Pedro Roldán.

Se retrocede por la calle Castilla hasta la calle San Jorge, zona de esparteros, que antes fue llamada *Almona* del Duque de Alcalá. *Almona* es la palabra medieval con la que se designaba la industria del jabón, una actividad que diferenció a los trianeros del siglo XVI porque llegaron a ser los fabricantes y exportadores más cotizados de Europa. Hacían un jabón muy suave, fabricado con aceite de oliva y variedad de perfumes.

En la **plaza del Altozano**, llamada así porque el puente de Triana quedó muy alto y fue necesario construir una rampa de acceso, se ve otra de las entradas del mercado de Triana a la izquierda, y a la derecha, abajo, una escultura de Venancio Blanco, en homenaje al torero **Juan Belmonte** en el lugar donde dio sus primeros pases de salón, siendo niño.

La figura se ha orientado mirando a Sevilla, de tal modo que desde el hueco que tiene en el pecho se contempla la entrada principal de la plaza de toros, con la Giralda de fondo.

El monumento se encuentra al final de la calle Betis, desde la cual se sube de nuevo al puente por las escaleras de Tagua, realizadas en curiosas losas de Tarifa. El edificio contiguo a la escalinata se levanta sobre el antiguo faro de Triana, lugar que también sirvió de embarcadero.

Desde el puente se observa el león adosado a la fachada, que servía para señalar el punto máximo de nivel de agua que podía soportar el barrio antes de inundarse.

También en la entrada del puente se contempla la **capilla del Carmen,** apodada "El Mechero". Es una obra del arquitecto Aníbal González construida en 1926 sobre el emplazamiento de otra capilla del siglo XIX.

I, C4
Mercado de Triana
Plaza del Altozano

▼ Escultura del torero Juan Belmonte, también llamado el Pasmo de Triana.

LA MORERÍA Y LA CASA DE LA CONDESA DE LEBRIJA

I, B-C2
Casa de la Condesa de Lebrija
Cuna, 8.
95 422 78 02.
www.palaciodelebrija.com
De lunes a viernes, de 10.30 h a 19.30 h;
sábado de 10 h a 14 h
y de 16 h a 18 h;
domingo de 10 h a 14 h.
Planta baja: 5 €.
Todo: 8 €, incluye la visita guiada en la planta superior y en las estancias familiares.

Excelente ejemplo de casa-palacio sevillana, situada en Cuna, 8, céntrica calle peatonal paralela a la calle Sierpes. Si bien la fachada es austera y no llama la atención, por el decorado interior se trata de un auténtico museo, ya que los **mosaicos** y **esculturas** que conserva proceden de las ruinas de la ciudad romana de *Itálica* en tal cantidad y calidad que esta colección solo es superada por la que se expone en el Museo Arqueológico Provincial. El palacio, transformado hoy en museo, fue reformado en el siglo XIX y presenta la estructura de una típica mansión andaluza, compuesta por un ancho zaguán, un primer patio de entrada, otro central, más grande y porticado, un gran salón al fondo y un jardín interior. Presenta **artesonados** mudéjares del siglo XVI y azulejería en los **zócalos** de los siglos XVI y XVII. Lo verdaderamente excepcional del palacio de la Condesa de lebrija es que la **solería** está formada por los mosaicos romanos que rescató la condesa en su afán de evitar que se repitieran expoliaciones extranjeras. El mosaico más llamativo es el del patio, cuyo medallón central, descubierto en 1914, representa al dios Pan y diversas escenas mitológicas. Asimismo destaca la **escalera,** por su artesonado mudéjar y la azulejería de los zócalos. En las galerías, diversas vitrinas exponen variedad de piezas de muy diversas procedencias, incluyendo restos visigodos, árabes y mudéjares.

I, B2
Metropol Parasol

Al final de la calle Cuna, a mano derecha, está la plaza de la Encarnación, donde en 2011 se concluyó el, hasta ahora, último icono urbano de arquitectura contemporánea en Sevilla, no sin gener una enorme polémica y airadas discusiones en todos los foros de la ciudad. El **Metropol Parasol,** ideado por el arquitecto alemán Jürgen Mayer para la remodelación de la plaza, consiste en seis plataformas de hormigón revestidas de madera, a modo de enormes parasoles –las *setas,* las llaman los sevillanos– que se elevan a 26 m de altura y desde las que se tiene una visión global de toda la ciudad. El conjunto esta

integrado por diferentes áreas: el Antiquarium, un museo arqueológico en el plano inferior, donde se puedem observar los restos romanos y almohades que salieron a la luz durante las obras de remodelación del antiguo mercado de abastos; este mismo remozado mercado de abastos de la Encarnación; un aparcamiento, un restaurante en la planta superior y una amplia zona de paseo desde donde contemplar el centro de la ciudad, entre otras cosas.

LA JUDERÍA Y LA CASA DE PILATOS

Es el ejemplo más sobresaliente de palacio del siglo XVI y el más suntuoso que se puede visitar en Sevilla después de los Reales Alcázares. Se encuentra presidiendo la plaza de Pilatos, en la zona que antaño ocupó la población judía de la ciudad. Se estima que fue levantada sobre un antiguo palacio expropiado a uno de los rabinos de la Judería, hecho que constata la similitud de la planta del edificio con las casas judías de los siglos VII y VIII.

Fue mandado construir a finales del siglo XV por Pedro Enríquez, adelantado mayor de Andalucía, y su esposa, Catalina de Ribera, pero la mayor parte del palacio se debe a su hijo Don Fadrique, que lo impulsó fuertemente al regreso de un viaje que realizó a Jerusalén en 1519, y al que se debe en gran parte el nombre que recibe el palacio porque Don Fadrique fue el primer marqués de Tarifa en Tierra Santa, y en Sevilla se extendió la idea de que la casa era una copia de la del pretorio Poncio Pilatos.

Otra explicación para la procedencia del nombre se basa en que en la puerta de esta casa se encuentra la primera estación de un Vía Crucis (Juicio de Cristo en la casa de Poncio Pilatos), que terminaba en la Cruz del Campo.

En el edificio se han ido combinando estilos y esta es la razón de que en la actualidad aparezca como un conjunto de superposiciones, que van desde el gótico, mudéjar y renacentista al plateresco. Por su mobiliario, decoración y piezas de arte está considerado como un auténtico museo.

I, A-B2
Casa de Pilatos
Plaza de Pilatos, 1.
95 422 59 28.
www.fundacionmedinaceli.org
En invierno, de 9 h a 18 h.
En verano, de 9 h a 19 h.
Planta baja: 5 €.
Toda la casa: 8 €.

◄ En la página anterior, estancias de la casa de la Condesa de Lebrija.

▼ En esta página, detalles de la casa de Pilatos.

Es destacable la **portada,** obra de Antonio María de Aprile, realizada en Génova en 1529 por encargo del marqués. En el friso, además de los escudos de la familia, se ve una inscripción alusiva a la peregrinación a Jerusalén.

En el lado izquierdo de la puerta se ve una hornacina de jaspes policromados, con una **cruz** que data de 1630.

Pasada la puerta hay un patio y a mano derecha se encuentra el **apeadero,** un añadido de 1750, que comunica con las caballerizas y desde el que se accede al patio principal. Presenta columnas de mármol sosteniendo arcos cubiertos de una espléndida ornamentación mudéjar en yeso. Los **zócalos** están cubiertos de azulejos del siglo XVI, y en el **friso** se hallan 24 bustos romanos y renacenstistas de emperadores y personajes de la antigüedad. En los ángulos del patio se alzan cuatro estatuas, dos de Palas Atenea, una pacífica y otra guerrera, de un valor excepcional, y otras dos correspondientes a la diosa Ceres y a una musa romana, de menor importancia.

A la derecha de la entrada se sitúa el **salón Dorado,** o del Pretorio, con **artesonado** de casetones y piñas, realizado en 1536 por Andrés de Masa. Frente a la puerta de entrada de este salón hay una **verja** plateresca. Desde el salón se accede al **corredor de Zalimaqui** y al **jardín Chico,** con estanque de reminiscencias pompeyanas. En el pabellón sobre el jardín se agrupa una exposición de estatuas romanas y renacentistas.

El siguiente **salón** es el llamado **Descanso de los Jueces,** que ha sido mal restaurado y ha perdido la hermosura de la techumbre pero que conserva el zócalo de azulejos y el friso de yesería. Un arco rebajado conduce a la **capilla de la Flagelación,** diminuta, y con una acertada combinación de gótico y mudéjar. El **Buen Pastor** que preside el altar es un extraño vestigio de la época visigoda.

Una pequeña puerta del salón de Descanso conduce al **gabinete de Pilatos,** desde el que se sale al **jardín Grande,** de gusto italiano, con bustos y estatuas clásicas, del siglo XVI, que aparece cerrado en tres frentes por **logias** del siglo XVII. La logia de la izquierda contrasta con la armonía del conjunto porque está acondicionada para vivienda de los duques de Medinaceli, actuales propietarios.

A la planta superior se accede por una monumental **escalera,** que, por la originalidad de su traza, es única en España. Consta de cuatro tramos y está adornada de azulejos irisados y cubierta por una cúpula de lacerías con pechinas mozárabes, realizada en 1537 por Cristóbal Sánchez y Antón Pérez. Las galerías altas

▲ *Danzarina,* Casa de Pilatos.

no suelen mostrarse al público, pero entre sus salones se guarda una valiosa **pinacoteca** con nombres importantes, como Pacheco, Pantoja, Ribera, Lucas Jordán. También se encuentran excelentes copias de un San Andrés y una Inmaculada de Murillo, y obras de autores de la escuela de Zurbarán, un pequeño cobre de la serie *Tauromaquia,* realizado por Goya, y otras obras de sus discípulos.

A la salida, a la izquierda y al fondo de la plaza de Pilatos, se halla un edificio de factura reciente, realizado por Rafael Manzano, arquitecto que propugnó la tendencia del neosevillanismo en los años 70 del siglo XX.

EL MUSEO DE BELLAS ARTES

En la plaza del Museo está ubicado el Museo de Bellas Artes. Está considerada la segunda pinacoteca de España después del Museo del Prado, a pesar de que la ciudad ha sufrido ya varios expolios, perdiéndose lienzos muy importantes. Se creó en 1835 con las obras procedentes de las instituciones religiosas tras la Desamortización. Posteriormente, las donaciones y algunas adquisiciones han aumentado los fondos del museo.

El edificio fue anteriormente el convento de la Merced, dedicada al rescate de cautivos. Fue fundado, como tantos otros, tras la reconquista de la ciudad. Se han realizado diversas reformas que han modificado la estructura original. La más significativa tuvo lugar cuando se tomó la decisión de convertirlo en museo: se cambió la orientación del edificio trasladando la fachada original, situada en la calle Bailén, al lugar que ocupa ahora, donde antes estaba el patio del noviciado, que fue transformado en una plaza para resaltar la entrada al museo.

I, C2-3
Museo de Bellas Artes
Plaza del Museo, 9.
95 554 29 42.
www.museodebellasartessevilla.es
En invierno, de martes a sábado, de 10 h a 20.30 h. En verano, de martes a sábado, de 9 h a 15.30 h. Domingo y festivo, de 10 h a 17 h todo el año. Lunes cerrado.
Adulto: 1,50 €. Entrada gratuita para ciudadanos de la Unión Europea acreditados y miembros del ICOM.

En estos momentos están abiertas al público catorce salas, distribuidas en torno a tres patios barrocos, donde podréis contemplar lo mejor de la escuela sevillana de los siglos XVII y XVIII: Murillo, Valdés Leal, Zurbarán, Juan del Castillo o Herrera el Viejo. Son muy interesantes, aunque menos conocidas, las obras del costumbrismo sevillano de mediados del XIX, con óleos de Esquivel o de Valeriano Bécquer, hermano del famoso poeta romántico Gustavo Adolfo. Hay además importantes obras que van desde la Edad Media al siglo XX. Destacan algunas pinturas de las escuelas valencianas y catalanas del siglo XV, así como algún ejemplo de la escuela flamenca.

En un extremo del edificio está situada la capilla de la hermandad del Museo, cuyo titular es el *Cristo de la Expiración,* del siglo XVI. Durante la noche del Lunes Santo son muchos los sevillanos que se congregan en esta plaza para ver la entrada de la procesión con todas las luces de la calle apagadas; da la sensación de haber retrocedido un par de siglos en el tiempo.

◀ El Museo de Bellas Artes de Sevilla es la segunda pinacoteca más importante de España, después del Museo del Prado.

LA HERENCIA DE LA EXPO

I, D1-2
Exposición Universal

I, D3
Estación de autobuses

Seis meses duró la Exposición Universal de Sevilla, del 20 de abril, lunes de Resurrección, al 12 de octubre, fiesta de la Hispanidad, del año 1992, en que se conmemoró el Quinto Centenario del Descubrimiento de América por Cristóbal Colón.

La **isla de la Cartuja,** entre dos brazos del Guadalquivir y a escasos metros del casco histórico y comercial de Sevilla, fue el recinto donde se llevó a cabo este acontecimiento y al que acudieron más de cien países, una veintena de grandes empresas, un número similar de organizaciones internacionales y 17 comunidades autónomas.

Bajo el lema *La era de los Descubrimientos,* adelantando en ocho años la llegada del siglo XXI, la Exposición fue una síntesis de la época actual a la que acudieron gentes de todos los países para asomarse al umbral del mundo futuro.

Desde 1992, año en que culminaron los trabajos para adecuar la ciudad a la Exposición Universal, Sevilla cuenta con una nueva red viaria que aligera el tráfico rodado, rodeando la ciudad y facilitando los accesos.

Estrenó también la ciudad, en 1992, un flamante **aeropuerto,** una nueva **estación de autobuses** y la actual **estación de Santa Justa** –que absorbió a las antiguas

▼ Esfera bioclimática realizada para la Exposición Universal de Sevilla 1992.

de San Bernardo y de Córdoba– para ferrocarriles de los que el AVE, tren de alta velocidad, es la estrella. Desde entonces las comunicaciones rozan la perfección.

También es herencia de 1992 el conjunto de **puentes** de moderno diseño que dignifican el río. Destacan: el **de los Descubrimientos,** que es llave de la circulación periférica de la ciudad; el **de Chapina,** clave de la salida norte; el popular **de la Barqueta** –que une la isla de la Cartuja al casco histórico, a la altura del Monasterio de San Clemente– y el **de El Alamillo** –imponente viaducto de 838 m de largo, que atraviesa la isla con una elevación de 8 metros– que cierran con su airosidad la panorámica del recinto de la Cartuja.

I, C-D1
Puente de la Barqueta

Tras la Exposición se reutilizaron algunas instalaciones y otras desaparecieron. Se mantiene el **Conjunto Monumental de la Cartuja,** sede actual del **Centro Andaluz de Arte Contemporáneo** y el llamado **Espacio Cultural Puerta de Triana**, que comprende, entre otros, el pabellón de la Navegación, diversas exposiciones, el cine Onimax, la torre mirador, la nao Victoria y un catamarán, entre otros puntos de interés. Además se celebran periódicos espectáculos en el **Auditorio,** inmenso espacio al aire libre, con capacidad para 5.500 personas, y en el **Teatro Central,** para los que se debe conseguir la oportuna información de sus programas así como las ocasionales fiestas en el lago, fuegos artificiales, etc.

◀ Los modernos puentes: del Alamillo (foto superior) y de la Barqueta (foto inferior), también herencia de la Expo 1992.

Dónde...

Selección de direcciones

GASTRONOMÍA

La cocina sevillana se caracteriza por su variedad y sencillez a la hora de elaborar los platos haciendo uso de los productos de la comarca y de las influencias de los diferentes pueblos que por aquí han pasado a lo largo de los siglos. Los romanos trajeron el vino y las aceitunas, los árabes dejaron como herencia el uso de los cítricos, la almendra, las especias y los deliciosos dulces a base de miel. Los productos de la sierra como la carne o los derivados del cerdo, el queso y las legumbres forman la base de la cocina sevillana. Las verduras de temporada, los huevos, el arroz, el pescado y el marisco recogidos principalmente en el Atlántico, completan su carta. La gastronomía sevillana es muy casera, y hasta hace muy poco apenas se dejaba ver por los bares y restaurantes de la ciudad por considerarse «sencilla». Hoy sus platos se han revalorizado y cada vez son más los restaurantes donde se puede comer «con mantel» o los bares que incluyen entre su lista de tapas los platos de toda la vida. Porque «tapear» en Sevilla sigue siendo toda una experiencia.

Verduras de la vega del Guadalquivir

El campo ha proporcionado siempre una gran variedad de verduras en la mesa sevillana. Conocido es el gazpacho, que se suele hacer a base de tomate y se completa con picatostes, huevo duro o taquitos de jamón. En cuanto llega el calor no falta en ninguna mesa. Con las altas temperaturas también se saborean los aliños y los picadillos. Los hay de mil variedades y, aunque todos están condimentados con aceite de oliva, cada uno mantiene un toque especial. En invierno se prefieren los cocidos y los potajes con verduras de temporada: garbanzos con espinacas, berza de acelga, cocido de tagarninas, potaje de chícharos, cocido de calabaza y habichuelas, el gazpachuelo, las berenjenas guisadas o rellenas, o los guisantes estofados. También del campo se recogían los caracoles y cabrillas, que los más pobres empleaban en lugar de la carne para sustanciar algo más sus platos. Actualmente se encuentran en todas las mesas y cuando llega la temporada, cerca del mes de junio, son el plato estrella de todo restaurante o bar que se precie. En cada uno la receta es bien diferente, a pesar de que los ingredientes son prácticamente los mismos: ajo, vino blanco, pimentón, aceite y cebolla.

Pescados y mariscos

A pesar de encontrarse casi en el centro de Andalucía, son los puertos de Cádiz y Huelva los que abastecen los mercados sevillanos. Además del pescado frito, conocido en todo el mundo y que se encuentra en casi todos los bares y freidurías que todavía quedan abiertas, los guisos de pescado combinados con patatas o verduras de temporada, sorprenderán a más de uno: cazón en amarillo, atún encebollado o con tomate, rape con patatas, calamares en su tinta con arroz, arroz caldoso con mariscos y moluscos...

El marisco es muy apreciado entre los sevillanos, sobre todo el de menor tamaño, ya que es más fácil encontrarlo fresco. La gamba de Huelva, blanca y muy tierna, o el langostino de Sanlúcar, de tamaño mediano y muy jugoso, son una delicia, pero nada que envidiar al camarón, que se sirve hervido y bien frío o en tortillitas. Las almejas pequeñas y las coquinas guisadas con ajito y perejil conquistan el paladar de muchos, más difíciles de encontrar son las cañaíllas. Las freidurías nacieron con el desarrollo de las ciudades, ya que las cocinas de las clases mas bajas no estaban preparadas, sobre todo en verano, para freír. Solía haber una por barrio, pero hoy en día van quedando menos. Se suele comprar para llevar a casa o también se puede tomar en algún bar cercano, donde se piden las bebidas y algo más que se tercie.

Carnes y huevos

Entre los platos de carne destaca sobre todo el cerdo ibérico y la caza menor. El primero se distingue por su sabor, y son infinitas las propuestas que se pueden encontrar: carrillada ibérica, solomillo de mil y una formas o presa. Muy conocido es también el guiso de rabo de toro con patatas. El pavo o el pato se preparan al horno, guisados o con arroz. El conejo asado, los riñones al jerez, la sangre encebollada o las perdices son propuestas muy caseras.

Los huevos los hay para todos los gustos: estrellados, a la flamenca, en revueltos con infinitas combinaciones, en tortilla, rellenos y fritos o dentro de un nido.

Chacinas

El jamón que más se aprecia es el de cerdo ibérico de la sierra de Huelva. Se puede saborear en lonchas finas con un poco de pan o en taquitos, bien solo o acompañando unos huevos o un gazpacho. Las chacinas también se toman, sobre todo como entradas o tapeando. La caña de lomo, bien curada y entreverada, el morcón y el chorizo completan la lista.

Vinos

Al no ser tierra de producción vinícola, la cultura del vino está menos arraigada. En general se bebe manzanilla de Sanlúcar o fino de Jerez como aperitivo, en cualquier comida, o con unas tapas. Muy apreciados son todos los olorosos, tanto los secos como los dulces para acompañar los postres. El moscatel de Málaga o el vino de naranja del condado de Huelva son una sabia elección.

Con la vendimia, el mosto del Aljarafe, la cornisa que rodea Sevilla, se consume en casi todos los bares y tabernas. Más público tiene la cerveza, bien fría, o las bebidas mezcladas con gaseosa, sobre todo cuando aprieta el calor en el mes de abril. En cuanto a vinos tintos, las producciones de Valdepeñas y la Rioja son las más populares.

Postres

En general se encuentran muy unidos a las tradiciones religiosas, y si bien hay una industria tradicional que consigue producir con elevada calidad, las pastelerías también suelen preparar los dulces siguiendo sus recetas más secretas.

Al llegar la Navidad los escaparates se llenan de mantecados, polvorones, y alfajores. Con la cuaresma, las torrijas y pestiños inundan los hogares. A simple vista parecen todos iguales, pero en cada sitio son diferentes y va con los gustos. Los dulces de los conventos también son muy solicitados, y de todos ellos destacan las yemitas sevillanas que en el convento de San Leandro las siguen vendiendo en el torno a toque de campanita.

Restaurantes

En general al sevillano le gusta comer «con mantel» en casa, donde saborea las variedades de la tierra. A la hora de salir fuera, prefiere tapear, con menos formalismos. Y esto se refleja en la variedad de locales que se encuentran abiertos tanto a mediodía como por la noche. El número de bares supera cualquier previsión. En su mayoría son locales, con o sin mesas, con una lista infinita de tapas y raciones.
Si la zona es frecuentada por trabajadores, puede existir el «menú de la casa», una opción económica y recomendable también para el vistante.
Los restaurantes se reservan más para acontecimientos, celebraciones o reuniones. Por las noches, rige la misma regla. De ahí que convenga reservar siempre, en particular los fines de semana.
Son muy pocas las casas de comida, y abundan los restaurantes turísticos, donde el menú está compuesto, básicamente, por gazpacho, tortilla de patatas y paella en las zonas más «típicas». Así que el modo más económico para saborear la cocina sevillana es disfrutar de las raciones, platos del día o menús en los numerosos bares de la ciudad, sentados de manera informal en alguna de sus mesas.

Al-Mutamid

Alfonso XI, 1.
95 492 55 04.
Precio medio: 40-50 €.
Lujoso restaurante toda una superación en calidades, productos y servicio. Muy acreditado.Terraza y jardín.

La Albahaca

Plaza de Santa Cruz, 12.
95 422 07 14.
Precio medio: 40 €.
Goza de una privilegiada situación en pleno barrio judío. Buen gusto en todo, presentación de platos y servicio.

Asador de Aranda

Luis Montoro, 150.
95 457 81 41.
www.asadordearanda.com
Precio medio: 40 €.
Cocina castellana. Morcilla de Burgos, cordero y cochinillo asados.

Az-Zait

Plaza de San Lorenzo, 1.
95 490 64 75.
www.az-zaitrestaurantes.com
Precio medio: 50 €.
En una de las plazas más bonitas, propone la unión de la tradición mediterránea y las nuevas tendencias, con recetas originales. Cocina de autor.

El Bacalao

Plaza Ponce de León, 15.
95 421 66 70.
Precio medio: 35 €.
Toda clase de platos a base de bacalao. También carnes.

Becerrita

Recaredo, 9.
95 441 20 57.
www.becerrita.com
Precio medio: 35 €.
Su padre es Enrique Becerra, lo que equivale a decir: cocina andaluza de primera calidad. Pequeño y coqueto local. Bodega bien surtida y asequible.

Bodegón San Vicente

Virgen de Luján, 45.
95 445 28 92.
www.bodegonsanvicente.com
Precio medio: 35 €.
Cocina puramente andaluza, con una amplia selección de tapas y raciones en la barra y de platos del día que van cambiando según la temporada. Se pueden degustar los rollitos de salmón o las gambas con salsa de naranja.

El Burladero

Canalejas, 1.
95 450 55 99.
www.es.melia.com
Precio medio: 60 €.
Restaurante-bar de gran tradición en Sevilla, especializado en tapas andaluzas. Del hotel Gran Meliá Colón.

El Cairo

Reyes Católicos, 13.
95 421 30 89.
www.hosteriasalas.com
Precio medio: 25 €.
Comedor muy agradable. Es una buena elección para tomar pescado fresco al horno, frito y también marisco. La terraza suele estar llena por las noches. Además del menú, también hay raciones. En la barra, quien lo desee puede tapear.

Cambados

Uruguay, 12.
95 461 60 00.
Precio medio: 30 €.
Cocina gallega, sobre todo mariscos y pescados. También cordero de Burgos. Comida contundente muy bien elaborada.

Casa Cuesta

Castilla, 1.
95 433 33 35.
www.casacuesta.net
Precio medio: 30 €.
Abrió sus puertas en 1880 y desde entonces ha sido siempre un punto de referencia de la cocina sevillana. Recientemente restaurado, la parte del bar cuenta con una zona muy amplia; el restaurante, algo más reducido, sigue ofreciendo un trato familiar. Panes de la casa, salmorejo, pescado frito, solomillo de ternera en su salsa, pavías de bacalao, revueltos, guisos del día y postres caseros.

Casa López

Virgen de la Victoria, 5.
95 427 44 22.
Precio medio: 20 €.
Porque la calidad no está reñida con el precio, aquí, en esta casa de comidas lo podréis comprobar. Menús variados y un servicio excelente.

Casa Robles

Álvarez Quintero, 58.
95 421 31 50.
www.casa-robles.com
Precio medio: 30-47 €.
Paradigma de la buena cocina sevillana: creatividad y productos de primera calidad, además de profesionalidad y cordialidad. Agradable terraza.

Casino de la Exposición

Avda. de María Luisa, s/n.
95 423 64 96.
Precio medio: 30 €.
Antiguo pabellón de la Exposición del 29, hoy transformado en un restaurante de cocina italiana a mediodía, cafetería por las tardes y bar por las noches. Además organizan presentaciones de libros, exposiciones, conciertos.

Corral del Agua

Calle del Agua, 6. Barrio de Santa Cruz.
95 422 48 41.
www.corraldelagua.es
Precio medio: 35 €.
Cocina española en un pintoresco local, situado en los bajos de una antigua casa del siglo XVII con jardín. Menú.

Cosa Nostra

Betis, 52.
95 427 07 52.
Precio medio: 30 €.
Buena cocina italiana, con ingredientes frescos traídos del país vecino. Tanto sus platos como los postres y el café son genuinos.

La Dehesa

Luis de Morales, 2.
95 457 94 00.
Precio medio: 35 €.
Especialidad en carnes del norte y magníficas ensaladas. Situado en la planta baja del *hotel Meliá Lebreros*.

Enrique Becerra

Gamazo, 2.
95 421 30 49.
http://enriquebecerra.com
Precio medio: 45 €.
Exquisitos platos sevillanos, en un ambiente acogedor, una casa del siglo XVIII.

Eslava

Eslava, 3.
95 490 65 68.
http://www.espacioeslava.com
Precio medio: 25-30 €.
Muy cerca de la Alameda de Hércules, este minúsculo local, casi siempre lleno, tiene la mejor oferta de comida casera en kilómetros a la redonda.

El Espigón

Bogotá, 1.
95 462 68 51.
www.elespigon.com
Precio medio: 45 €.
Especialidad en mariscos y pescados que cada día hace las delicias de su numerosa clientela.

Ezcaray

Colombia, 7.
95 423 28 71
www.restauranteezcaray.com
Precio medio: 40 €.
Estupenda cocina tradicional riojana. Buena bodega. Antigua casa-palacio.

Florencia

Avda. Eduardo Dato, 49.
95 453 35 00.
Precio medio: 50 €.
Situado en el *hotel Porta Coeli*, pero con entrada independiente. Juan Martín es quien se encarga de ensalzar en este local los productos andaluces.

El Giraldillo

Pza. Virgen de los Reyes, 2.
95 421 45 25.
Precio medio: 45 €.
Especializado en cocina regional elaborada con productos de primera calidad. Un clásico en la ciudad.

La Isla

Arfe, 25.
95 421 26 31.
www.restaurantelaisla.com
Precio medio: 45 €.
Desde la vitrina, se puede imaginar la calidad y una vez en la mesa saborear los mejores pescados y mariscos. Toda una tradición en la buena mesa sevillana.

Jamaica

Jamaica, 16.
95 461 12 44.
Precio medio: 35 €.
Ofrece excelentes carnes y pescados en un agradable local. Cocina internacional.

La Judería

Cano y Cueto, 13.
95 442 64 56.
www.grupomodesto.com
Precio medio: 35 €.
Cocina local centrada en los buenos productos, en una ambientación de mesón.

Manolo León

Guadalquivir, 8.
95 437 37 35.
www.manololeon.com
Precio medio: 50 €.
Situado en una antigua casa sevillana, con gusto y elegancia, ofrece un menú amplio que contempla guisos de carne y pescados en invierno y platos más frescos cuando llega el calor. El patio es todo un capricho.

María Ángeles

Plaza del Altozano, s/n.
95 433 12 51.
Precio medio: 35 €.
Magnífica cocina guipuzcoana realizada con el mismo acierto con que ya María Ángeles cocinaba en San Sebastián.

Mesón Don Raimundo

Argote de Molina, 26.
95 422 33 55.
www.mesondonraimundo.com
Precio medio: 35 €.

En un antiguo convento del siglo XVIII, decorado con obras de arte y antigüedades. Buena cocina de caza y guisos de pescado, además de una gran variedad de platos y postres mozárabes.

Modesto

Cano y Cueto, 5.
Santa Cruz.
95 441 68 11.
www.grupomodesto.com
Precio medio: 30 €.

Muy concurrido su comedor, su barra y su terraza. Repertorio de pescados y mariscos en su punto y recreación de los platos tradicionales andaluces.

Los Monos/ Juliá

Avda. Moliní, s/n.
95 461 35 99.
www.juliacatering.com
Precio medio: 30 €.

Variedad de tapas y platos de cocina española en un agradable local situado frente al parque de María Luisa. Dispone de terraza en verano.

Los Munditos

Carlos Cañal, 40.
95 422 67 43.
Precio medio: 15 €.

Auténtica cocina casera, o de la abuela, como gusta decir a su propietario. Diariamente propone menús completos y sanos, sin faltar el postre.

Pando Cuna

Cuna, 5.
95 422 50 52.
www.pandorestaruantes.com
Precio medio: 35 €.

Céntrico, en una casa sevillana donde la cocina mantiene el sabor de siempre con productos de calidad.

Pando Centro

San Eloy, 47.
95 422 16 25.
www.pandorestaruantes.com
Precio medio: 40 €.

Gastronomía mediterránea de autor en este local con decoración andaluza.

Pleamar

Gustavo Bacarisas, 1.
95 427 79 80.
Precio medio: 35 €.

Extensa carta de pescados con otros platos típicos de la gastronomía andaluza. Deliciosos postres caseros y excelente servicio. Menú del día.

El Rinconcillo

Gerona, 40.
95 422 31 83.
www.elrinconcillo.es
Precio medio: 35 €.

Los salones de este antiguo restaurante sevillano, fundado en 1670, están en la planta de arriba, trasladándonos a otra época. Cocina sevillana cuidada y un servicio excelente, hacen de este sitio un local de gran tradición.

Río Grande

Betis, 70.
95 427 39 56.
www.riogrande-sevilla.com
Precio medio: 50 €.

A orillas del Guadalquivir, enfrente de la Torre del Oro, las vistas desde la terraza del restaurante son únicas. El menú ofrece platos andaluces, con otros de cocina internacional, acompañados de los mejores vinos de la tierra.

San Marco Triana

Betis, 68.
95 428 03 10.
www.sanmarco.es
Precio medio: 40 €.

En una casa-palacio del siglo XVIII. Sus especialidades son la cocina italiana y las pastas de fabricación casera. Sería imperdonable no probar uno de los postres que completan la carta. Es necesario reservar, sobre todo el fin de semana, ya que es un local muy frecuentado por los propios sevillanos.

Santa Cruz

Plaza de los Venerables. Justino Neve, 2.
95 422 35 83.
Precio medio: 30 €.

En el corazón del barrio de Santa Cruz. El restaurante ocupa la planta baja de una casa señorial sevillana, llena de encanto, con sus patios y su decoración con detalles taurinos. Especialidades andaluzas: gazpacho, fritos, aceitunas.

Santo Bistro

Argote de Molina, 29.
95 456 10 20.
www.emecatedralhotel.com
Precio medio: 45 €.

Mediterráneo, informal y divertido. Un renovado concepto de cocina elaborada y *casual food*. Tanto para un bocado rápido como para sentarse y disfrutar de la comida y la compañía. Junto a la Giralda, en pleno corazón de la ciudad.

Sebastián

Virgen de las Montañas, 17.
95 445 95 67.
Precio medio: 35 €.

Sebastián es el propietario, *maître* y cocinero, y sus exquisiteces de mariscos, jamón y pescados guisados saben mejor porque llevan su simpatía.

Los Seises

Segovia, 6. Pal. Arzobispal.
95 422 94 95.
www.hotelhusalosseises.com
Precio medio: 35 €.

En un edifico histórico del siglo XVII, buena cocina sevillana en este restaurante del hotel *Husa Los Seises*.

La Sopa Boba

Bailén, 34.
95 456 48 84.
Precio medio: 25 €.

Acogedora casa de comidas, en pleno centro, con recetas originales e innovadoras. Menú diario.

Taberna del Alabardero

Zaragoza, 20.
95 450 27 21.
www.tabernadelalabardero.es
Precio medio: 45 €.

Conocido restaurante de cocina de mercado, ubicado en la planta baja de un coqueto hotel. Con cuatro cartas diferentes a lo largo del año.

El Toboso

Gran Plaza, 9.
95 463 42 04.
www.modesto restaurantes.com
Precio medio: 30 €.
Buen género de pescado y carnes, que obvian una cocina elaborada. Las ensaladas acompañan perfectamente a fritos y planchas. Menú del día.

La Mandrágora

Albuera, 11.
95 422 01 84.
Precio medio: 15-20 €.
Sencillo local en donde sirven una deliciosa cocina ovolacto-vegetariana. Ensalada de berenjenas asadas con picatostes y queso con vinagreta de melada, mouselina de calabacines con salsa a la flor de azafrán, croquetas de Acelgas...

COMER EN EL ALJARAFE

Esta ligera planicie separada de Sevilla solo por el Guadalquivir es paso obligado hacia Huelva, de Ayamonte a Portugal, y la visita al Coto de Doñana, las marismas, la aldea de El Rocío y las playas más cercanas. En el invierno acoge a los sevillanos en los fines de semana soleados y en el verano alivia el calor con su frondosidad y la ligera brisa marina del atardecer.
Existen haciendas olivareras con sus típicas torres de contrapeso y viejas bodegas adaptadas a bares para servir «in situ» en invierno el espumoso *vino-mosto* de la zona. Ante la concurrencia, las ventas y bares se han ido mejorando y hoy el Aljarafe presenta una atractiva oferta de restaurantes que gozan del creciente favor de los sevillanos. Para moverse por el Aljarafe es imprescindible ir en coche. Solo Mairena del Aljarafe cuenta con conexión de metro. El resto de las localidades por ahora tiene servicios de línea de autobús.

Alhucemas

Avda. del Polideportivo, 4.
95 570 09 29.
Precio medio: 40 €.
En Sanlúcar la Mayor (a 15 km de Sevilla). Cocina andaluza, pescados y frituras.

Robles Aljarafe

Ctra. Castilleja a Bormujos, 2-3.
95 416 92 90.
www.casa-robles.com
Precio medio: 35 €.
En **Castilleja de la Cuesta.** Con todo el saber hacer que caracteriza a esta familia de restauradores, ahora su cocina más andaluza se puede saborear en esta casa con jardines a pocos minutos de la ciudad.

El tapeo

La cantidad de bares de tapeo que hay en Sevilla solo se entiende si se sabe que para los sevillanos ir de tapas es una necesidad vital. Sin perder el gusto por lo tradicional, hoy los bares compiten entre sí, apostando por la cocina imaginativa, la calidad y la profesionalidad en el servicio. Hay algunos que vale la pena visitarlos por ser auténticas instituciones entre los sevillanos.

CENTRO

La Antigua Bodeguita

Plaza del Salvador, 6.
95 456 18 33.
Un imprescindible para todo aquel que quiera sentirse sevillano por un día, entorno de lo más popular.

Barbiana

Albareda, 11.
95 421 12 39.
Buen marisco y buen vino.

Bodega Góngora

Albareda, 5.
95 422 11 19.
www.bodega gongora.com
Especialidad en pescaditos.

Bodeguita Antonio Romero II

Gamazo, 16.
95 421 05 85.
www. bodeguitaantonioromero. com
Muy conocida, porque además de ser típica, la cocina es bastante buena. La lista de tapas es muy larga, aunque lo que más se pide son los montaditos de *pringá* y de bacalao en aceite. Cuenta con otro local muy cerca, en la calle Antonia Díaz, 19, que dispone de terraza, muy animada en las tardes de toros.

Casa Moreno

Gamazo, 7.
95 422 83 15.
Tienda de ultramarinos con un bar en la trastienda. Buena selección de quesos y embutidos. Cierra temprano. Decoración taurina.

Casa Ricardo

Hernán Cortés, 2.
95 438 97 51.
www.casaricardosevilla. com
Todos lo conocen como Casa Ovidio. Sus paredes están cubiertas de fotografías cofrades; buena selección de tapas

y muy buen ambiente. Elaboraciones clásicas así como otras actuales e innovadoras.

Casablanca

Adolfo Rodríguez Jurado, 12.
95 422 41 14.
www.odeguitacasablanca.com

Pequeñito y muy concurrido, para tapear de pie, como tiene que ser. Servicio exquisito, igual que las tapas.

La Espera te Esquino

Corral del Rey, 10.
95 502 99 77.

Ambiente muy local, con buenos vinos y excelente chacina a precios económicos.

Europa

Siete Revueltas, 35.
95 421 79 08.
http://bareuropa.info

Solo el local y el servicio merecen una visita. Cuentan con una amplia selección de tapas sevillanas y alguna que otra de fuera, como la butifarra blanca. Premiado en varias ocasiones.

La Flor del Toranzo

Jimios, 1. (El Arenal)
95 422 93 15.

Patés, *foie,* bonito del Cantábrico, entre otros, directamente traídos de un matadero del norte. Buenos vinos. También tienen tienda.

La Moneda

Almirantazgo, 4.
95 422 36 42.

Tapas típicas de Sanlúcar. Montaditos de *pringá* (la carne y el tocino del caldo).

La Pepona

Javier Lasso de la Vega, 1.
95 422 36 42.

Entre la plaza de la Campana y la Alameda de Hércules se encuentra este pequeño local, de reciente apertura, que cuenta ya con una legión de seguidores. Si no el mejor, uno de los mejores establecimientos de tapas del centro. Impresionante oferta de vinos por copas.

El Portón

General Polavieja, 20.
95 421 50 26.

Tapas variadas. Uno de los históricos de la ciudad.

Quitapesares (El Peregil)

Plaza Padre Jerónimo de Córdoba, 3.
95 422 93 85.
www.tabernasperegil.com

Vinos, jamón y tapitas de caracoles. Los viernes y sábado por la noche hay cante.

La Azotea

Jesús del Gran Poder, 31.
95 511 67 48.

Este es solo uno de los cuatro locales que tiene en Sevilla este exitoso restaurante, algo pretencioso en su carta, pero con una barra de tapas, siempre atestada, de excelencia probada.

BARRIO DE SANTA CRUZ

La Goleta

Mateos Gago, 20.
95 421 89 66.
www.tabernasperegil.com

Pequeña taberna a la sombra de la Giralda donde tomar una cerveza bien fresquita y alguna tapa del día.

Bodega Santa Cruz Las Columnas

Rodrigo Caro, 1.
95 421 32 46.

Bonita decoración, buen servicio y variedad de platos.

Casa Román

Plaza de los Venerables, 1.
95 422 84 83.

Típico establecimiento sevillano de tapas y raciones. Buen servicio.

La Cava del Europa

Puerta de la Carne, 6.
95 453 16 52.
http://bareuropa.info

Excelente calidad de vinos y tapas fuera de lo común. Un lugar para sibaritas.

Giralda

Mateos Gago, 1.
95 422 74 35.

Gran variedad de tapas y raciones.

Álvaro Peregil

Mateos Gago, 22.
95 422 36 98.
www.tabernasperegil.com

Tapas o raciones muy elaboradas sin renunciar a la cocina tradicional. Decoración con azulejos sevillanos.

Las Teresas

Santa Teresa, 2.
95 421 30 69.

Antiguamente fue una tienda de ultramarinos, como muchos bares del centro. Hoy ofrecen chacinas de las sierras de Huelva y Salamanca, así como deliciosas tapas de pescado frito y carne. Buena bodega.

TRIANA

La Albariza

Betis, 6.
95 433 89 60.
www.laalbariza.es

Dicen algunos que aquí sirven la mejor manzanilla de Sevilla. Chacinas y raciones variadas. No podían faltar las barricas como decoración.

El Bistec

Pelay Correa, 34.
95 427 47 59.

Imposible enumerar todas las tapas y raciones, aunque muchos son los que piden los calabacines fritos y el adobo. Con el buen tiempo, ponen mesas en la placita de Santa Ana.

Los Cuevas

Virgen de las Huertas, 1.
95 427 80 42.
www.loscuevas.com

Muy buenas tapas de verdura y de cuchara. Conocidas son sus berenjenas fritas con miel.

El Faro de Triana

Puente de Isabel II.
95 433 61 92.

Su ubicación es inmejorable, como lo es el pescado frito y

las chacinas, cualquier día del año. Buenos precios.

Las Golondrinas I

✉ Antillano Campos, 26.
☎ 95 433 16 26.
Paraíso de las tapas en la zona de Triana. Ambiente auténtico sevillano.

Taberna Sol y Sombra

✉ Castilla, 147.
☎ 95 433 39 35.
🌐 www.tabernasolysombra.com
El local es un museo de recuerdos y carteles taurinos. Amplia selección de tapas y raciones: coquinas, almejas, pimientos asados y lomo de cerdo.

Taberna Casa Remesal

✉ Pureza, 64.
☎ 95 433 30 10.
Local sencillo donde se pueden tomar platos caseros, tapas y raciones. Tanto el pescado frito como las carnes son excelentes. Caracoles en temporada.

LOS REMEDIOS

José Luis

✉ Plaza de Cuba, 3.
☎ 95 427 20 17.
Sucursal del famoso bar de pinchos de Madrid, pero con el toque andaluz. Variedad de tapas.

El Kiosco Santafe

✉ Santa Fe, s/n.
☎ 627 578 449.
Enclavado en el parque de los Príncipes, a la sombra y el fresco de los árboles, tapas originales y de calidad.

La Montanera

✉ Juan Sebastián Elcano, 16.
☎ 95 427 69 90.
🌐 www.restaurantelamontanera.com
Cocina sevillana en un bello entorno.

Viejo Tito

✉ Virgen de la Victoria, 1.
☎ 95 427 53 84.
🌐 www.restauranteviejotito.es
Sus colores y decoración nos trasladan al ambiente campero, así como sus tapas y raciones, hechas con excelentes productos de la comarca.

NERVIÓN Y SEVILLA ESTE

La Ponderosa

✉ Gran Plaza, 16.
☎ 95 464 99 49.
Local donde poder desayunar o merendar. Su terraza ocupa un lugar privilegiado.

SEVILLA SUR

Cambados

✉ Uruguay, 12.
☎ 95 461 60 00.
Mariscos y otros productos gallegos. Agradable terraza.

La Raza

✉ Avda. Isabel la Católica, 2.
☎ 95 423 20 24.
🌐 www.grupolaraza.es
En el parque de María Luisa, ocupa un edificio histórico de la Exposición Iberoamericana.

Museos

Catedral/Museo Catedralicio y Giralda

✉ Avenida de la Constitución, s/n.
☎ 902 099 692.
🌐 www.catedraldesevilla.es
🕘 En invierno, lunes de 11 h a 15.30 h; de martes a sábado, de 11 h a 17 h; domingo de 14.30 h a 18 h. En verano, lunes de 9.30 h a 14.30 h; de martes a sábado, de 9.30 h a 16 h; domingo de 14.30 h a 18 h.
€ Adulto: 8 €. Reducida: 3 €.
Acceso para discapacitados. El Museo Catedralicio se encuentra en las dependencias de la Sacristía Mayor de la catedral y entre sus fondos se conservan valiosas colecciones de orfebrería religiosa de los siglos XVI al XX, relicarios entre los que destacan las Tablas Alfonsinas que datan del siglo XIII, así como cuadros y joyas, además de ternos, capas pluviales, dalmáticas y otros atavíos eclesiásticos. En pintura cabe destacar obras de Murillo, Morales, Zurbarán y Van Dick.

Archivo de Indias (Antigua Casa de la Lonja)

✉ Avenida de la Constitución, 3.
☎ 95 450 05 28.
🕘 En invierno, de lunes a viernes, de 8 h a 15 h. En verano, de 8 h a 14.30 h. Exposiciones, de lunes a sábado, de 9.30 h a 17 h; domingo, de 10 h a 14 h.
€ A las exposiciones, gratuita.
Acceso para discapacitados. Para entrar al Archivo, excepto a las exposiciones, hay que solicitarlo por escrito.

Ayuntamiento de Sevilla

✉ Plaza Nueva, 1.
☎ 902 480 250/ 95 547 02 64.
🌐 www.sevilla.org
🕘 Martes, miércoles y jueves, de 17.30 h a 18 h; sábado a las 12 h. Grupos concertados. Cierra festivos, julio y agosto.
€ Entrada gratuita.

Casa de Pilatos

✉ Plaza de Pilatos, 1.
☎ 95 422 59 28.
🌐 www.fundacionmedinaceli.org
🕘 En invierno, de 9 h a 18 h. En verano, de 9 h a 19 h.
€ Planta baja: 6 €. Toda la

casa: 8 €. Gratis para los ciudadanos de la U.E.

Acceso para discapacitados. Constituye uno de los ejemplos de la arquitectura doméstica sevillana del siglo XVI.

Centro Andaluz de Arte Contemporáneo

- **En lo que antes fuera El Real Monasterio de Santa María de las Cuevas. Isla de la Cartuja. Avda. Amércio Vespucio, 2.**
- **95 503 70 70.**
- **www.juntadeandalucia.es/cultura/caac/**
- **De martes a sábado, de 11 h a 21 h; domingo y festivo, de 11 h a 15 h.**
- **Visita completa: 3 €. Venta de entradas hasta 1,30 horas antes del cierre. Gratuita: martes a viernes de 19 h a 21 h. Sábado, de 11 h a 21 h.**

Acceso para discapacitados. También conferencias, recitales, conciertos, cine.

Hospital de la Caridad

- **Temprado, 3.**
- **95 422 32 32.**
- **De lunes a sábado, de 9 h a 13.30 h y de 15.30 h a 19.30 h; domingo y festivos, de 9 h a 12.30 h.**
- **5 €, salvo exposiciones. Domingo gratuita.**

Acceso para discapacitados. Construido en el siglo XVII.

Museo Arqueológico Provincial

- **Plaza de América, s/n. (parque de María Luisa).**
- **95 512 06 32.**
- **www.museosdeandalucia.es**
- **En invierno: de martes a sábado, de 10 h a 20.30 h; domingo y festivos, de 10 h a 17 h; lunes cerrado. En verano, de martes a sábado, de 9 h a 15.30 h; domingo y festivo, de 10 h a 17 h.**
- **General: 1,50 €. Entrada gratuita ciudadanos de la Unión Europea.**

Acceso para discapacitados. Instalado en el pabellón Renacentista de la plaza más monumental construida para la Exposición Iberoamericana del año 1929. La planta baja agrupa interesantes colecciones de la época prehistórica, así como de la fenicia, griega y cartaginesa. Destaca la orfebrería orientalizante, con la significativa y excepcional muestra del tesoro tartésico de El Carambolo, del siglo VIII a.C., en el que la estatuilla de Astarté muestra una inscripción en caracteres fenicios, que es la más antigua hallada en España. En la planta alta se exponen las colecciones romanas, en su mayoría procedentes de la vecina ciudad de Itálica, así como también piezas hispano-musulmanas y mudéjares. En la sección romana se encuentran excelentes copias de originales griegos del siglo IV a.C., como Venus, Diana, Hermes, Mercurio, y la escultura heroizada de Trajano, de factura bellísima.

Museo de Artes y Costumbres Populares

- **Plaza de América, 3 (parque de María Luisa).**
- **95 554 29 51.**
- **www.museosdeandalucia.es**
- **En invierno, de martes a sábado, de 10 h a 20.30 h. En verano, de 9 h a 15.30 h. Domingo y festivos, de 10 h a 17 h todo el año; lunes cerrado.**
- **General: 1,50 €. Entrada gratuita ciudadanos de la Unión Europea.**

Acceso para discapacitados. Instalado en el pabellón mudéjar de la plaza de América.

Museo de la Basílica de la Virgen Macarena

- **Bécquer, 1.**
- **95 490 18 00.**
- **www.hermandaddelamacarena.es**
- **Todos los días de 9 h a 14 h y de 17 h a 21 h.**
- **Adulto: 3 €. Reducida: 1,50 €.**

Acceso para discapacitados. El tesoro y las joyas de la Virgen se encuentran expuestos en esta dependencia del templo, pero es necesario adquirir una entrada para visitarlo. Tiene muestras de bordados sevillanos y orfebrería de gran valor pero sobre todo es interesante para acercarse al significado del fenómeno de la Semana Santa sevillana.

Museo de Bellas Artes

- **Plaza del Museo, 9.**
- **95 554 29 42.**
- **www.museodebellasartessevilla.es**
- **En invierno, de martes a sábado, de 10 h a 20.30 h. En verano, de martes a sábado, de 9 h a 15.30 h. Domingo y festivo, de 10 h a 17 h todo el año. Lunes cerrado.**
- **Adulto: 1,50 €. Entrada gratuita para ciudadanos de la Unión Europea acreditados y miembros del ICOM.**

Acceso para discapacitados. Desde 1835 este museo ocupa el antiguo convento de la Merced Calzada, fundado por San Pedro Nolasco sobre unos terrenos cedidos por Fernando III tras la Reconquista. Tal como se muestra ahora es fruto de las obras llevadas a cabo por Juan de Oviedo entre los siglos XVI y XVII. El hecho de que se habilitara como museo tras la desamortización explica el dominio de lienzos procedentes de otros edificios religiosos, y lo mismo sucede con la azulejería, paneles y otros motivos ornamentales de los siglos XVI y XVIII. Por la cantidad y valor artístico de los fondos que lo integran, está considerado como la segunda pinacoteca de España.

El edificio se ordena en torno a tres grandes patios, encontrándose la iglesia en uno de los extremos del convento con entrada por el muro izquierdo de la nave. La entrada del museo se corresponde con la primitiva portada. Es un museo en el que se exponen, además de pinturas, obras de cerámica, mobiliario, marfiles y esculturas. Respecto a la pintura, se encuentran aquí obras de gran categoría, como el lienzo de El Greco con el retrato de su hijo, o representaciones de artistas, como Bosch, Rubens, Veronés y Tiziano.

A grandes rasgos, el contenido de las salas se puede dividir en dos grandes apartados. Uno, donde se condensa la pintura del siglo XIX tanto extranjera como nacional, destacando algunas obras de Gonzalo de Bilbao, como su excepcional visión de las cigarreras; y otro, que es la estrella indiscutible del museo, dedicado a la pintura clásica, en la que sobresale la Escuela Sevillana del siglo XVII, cuyos orígenes pueden encontrarse en la obra *El arte de la pintura,* del maestro Francisco Pacheco, suegro del sevillano Diego Velázquez. El grueso de este movimiento y de las obras que se exponen está firmado por trabajos de Alonso Cano, los Herrera, Zurbarán, y los fundadores de la Academia de Sevilla, Murillo y Juan Valdés Leal.

Museo Marítimo Torre del Oro

Paseo de Colón, s/n.
95 422 24 19.
De martes a viernes, de 10 h a 14 h; sábado, domingo y festivos, de 11 h a 14 h.
Adulto: 1 €. Martes gratis.

Situado en la bella Torre del Oro, se trata de un pequeño museo, de objetos dispares y de desigual valor, que habla de la importancia que tuvo la capital hispalense en otra época como puerto fluvial, mostrando grabados y dibujos antiguos de la actividad del puerto, de las atarazanas o de la vida en el Arenal.

Real Maestranza, Museo Taurino

Paseo Colón, 12.
95 422 45 77.
www.realmaestranza.com
De mayo a octubre, todos los días de 9.30 h a 23 h. Resto del año cierre a las 19 h. Los días de espectáculo taurino consultar antes el horario.
Adulto: 6.50 €. Reducida: 4 € (jubilados, estudiantes y familia numerosa). Niños (6-11 años): 2.50 €. Admitida la tarjeta turística Sevilla Card.

Acceso para discapacitados. La visita comprende la Plaza, la enfermería, la capilla y el Museo Taurino, que se encuentra en la parte baja de la plaza de toros, y en él se exponen muestras del arte de la tauromaquia a través del tiempo. Destaca una escultura de Benlliure y un capote pintado por Picasso.

Reales Alcázares

Patio de Banderas, s/n.
95 450 23 24.
www.patronato-alcazar sevilla.es
De octubre a marzo, de 9.30 h a 17 h. De abril a septiembre, de 9.30 h a 19 h.
Adulto: 8,75 €. Jubilados y estudiantes, 2 €. Entrada gratuita para discapacitados y nacidos o residentes en Sevilla capital y menores de 16.

Acceso para discapacitados.

Museo Militar Regional

Plaza de España, s/n.
95 493 82 83.
De martes a sábado, de 10 h a 14 h.
Entrada gratuita.

Acceso para discapacitados.

Hospital de los Venerables

Plaza de los Venerables, 8.
95 456 26 96.
www.focus. abengoa.es
Todos los días de 10 h a 14 h y de 16 h a 20 h. Festivos nacionales de 10 h a 14 h.
Adulto: 5,50 €. Reducida: 2,75 €. Niños (hasta 12 años acompañados) gratis.

Palacio de la Condesa de Lebrija

Cuna, 8.
95 422 78 02.
www.palaciode lebrija.com
De lunes a viernes, de 10.30 h a 19.30 h; sábado de 10 h a 14 h y de 16 h a 18 h; domingo de 10 h a 14 h.
Planta baja: 5 €. Todo: 8 €, incluye la visita guiada en la planta superior y en las estancias familiares.

Restos romanos y griegos, cuadros y gran biblioteca.

Iglesia del Salvador

Plaza del Salvador, 3.
95 459 54 05.
2 €.

Segundo templo más grandes de Sevilla tras la catedral.

Fundación Museo Atarazanas

Paseo de las Delicias, s/n.
95 462 46 27.
www.fundacionmuseo atarazanas.org

Vida cultural

La vida cultural en Sevilla es muy abundante y variada, aunque cada año parezca que los ciclos relacionados con las tradiciones se repitan. Junto a las instituciones de siempre, cada vez son más las fundaciones o agrupaciones que promueven actividades durante todo el año. El **Ateneo de Sevilla** ha ido ganando protagonismo en la vida cultural y organiza exposiciones y premios de gran relieve: de pintura, literatura, fotografía. Cuenta con una sala de exposiciones situada en la sede de la institución, en la calle Orfila, 7, y participa en actividades de la ciudad. El **Centro Cultural Cajasol** es otra institución privada que anima la vida cultural. En sus diversas salas de exposiciones y de conferencias se llevan a cabo ciclos de música, danza y teatro, así como muestras de fotografía y pintura.

«Con la apertura del teatro Quintero, Sevilla gana un espacio de relevancia nacional y de agitación cultural, destinado a ser, sobre todo, un hervidero de ideas». Con estas palabras, Jesús Quintero define este multi-espacio cultural donde además de teatro, se hacen cursos, presentaciones de libros, exposiciones, todo ello en la sala de un antiguo cine situado en la calle Cuna, 15. Y es que el teatro, sobre todo el independiente, se ha ido abriendo paso en la capital gracias a las escuelas que había en colegios y distritos. La más destacada es **La Imperdible.** Una de las primeras salas de teatro independiente, que sigue, año tras año, ofreciendo espectáculo en todos los sentidos. Grandes obras han pasado por el gran **teatro Lope de Vega.** Actualmente cuenta con una amplia oferta donde encontramos propuestas más clásicas y mucha comedia. Su escenario acoge, desde hace unos años, el **Festival de Cine** que, cada otoño, reúne a un nutrido grupo de actores y actrices, directores y protagonistas internacionales del séptimo arte.

Y para arte, la **Bienal de Flamenco** que se celebra entre los meses de septiembre y octubre en años pares.

Los amantes de las artes escénicas tienen su cita en el **Festival Itálica de Danza Clásica y Contemporánea.** Dos caras de una misma moneda: la danza, y los dos escenarios donde se representa: el conjunto arqueológico de la antigua localidad romana Itálica y el teatro de la Maestranza, construido a finales del siglo pasado. Lo que en su día se proyectó como el centro cultural de la capital, y que todos conocen como **el Maestranza,** para diferenciarlo de la catedral taurina (La Maestranza) elabora un programa cultural muy amplio y variado, de alto nivel. Así, cada año, encontrar una entrada para el ciclo de la ópera es cada vez más complicado. Y es que las notas musicales se unen a la esencia de la ciudad, en todas sus variantes: cofrade cuando llega la primavera y comienza el encuentro de bandas procesionales; de jazz durante los meses de febrero y marzo; antigua, en las iglesias de la ciudad, durante casi todo el invierno; folclórica y popular en las tardes de verano en medio de los jardines del Alcázar, o modernas siguiendo las canciones de los grupos de más actualidad del panorama musical, en alguno de los conciertos a los que se puede asistir en la isla de la Cartuja.

Vida nocturna

El ambiente nocturno se desplaza según el momento del año, buscando en la temporada más cálida la cercanía del río, los jardines o las alturas. De todas las terrazas, destaca la del *lounge* bar **El Santo,** situada sobre el *EME catedral hotel,* una espectacular terraza tanto por sus vistas como por el ambiente. Un lugar algo más exclusivo es la terraza **Martini** en el *hotel Alfonso XII.*

Un clásico de las noches veraniegas es la plaza de América en el parque de María Luisa, donde terrazas como **Alfonso** o **Bilindo** mantienen un ritmo muy animado hasta bien entrada la noche. **El Chile,** junto a los jardines de San Telmo, reúne a los más jóvenes. Al otro lado del río, en Triana, abre sus puertas todos los años, cuando llega el verano, **Puerto de Cuba,**

una fantástica terraza pegada al río para divertirse y dejarse ver. Muy divertidas son también las noches en la terraza del **Casino**, a las puertas del parque de María Luisa.
Con la llegada del otoño, las terrazas dan paso a los espacios cerrados, y en este sentido hay para todos los gustos. Los de siempre, que nunca pasan de moda, los encontramos en el centro. Junto a la Giralda está **Antigüedades,** en la cuesta Argote de Molina, o algo más escondido **Carbonería,** un local donde hay actuaciones en directo de muy diferentes estilos. En la Alameda, hay diversos bares que se suelen llenar en otoño y en invierno. Actualmente los que están más de moda son **Café Central, Funclub** y **Jackson.**
Cerca de la plaza de Toros, en el barrio del Arenal hay también varios locales que no suelen pasar de moda: **Moderniste, Boheme, Café del Art** y **Groucho**. Todos ellos se animan especialmente los jueves por la noche y los fines de semana, incluso desde media tarde. Otros que siguen teniendo su clientela, algo más mayor es ***Trinity Pub,*** en la plaza Nueva, y el café bar **Bestiario**.
Los Remedios, antiguo barrio para salir por las noches, está poniéndose de nuevo de moda, sobre todo con **London Gin Tonic Club.** Como su nombre indica, perfecto para los entendidos que aprecian la ginebra, en la calle Sebastián Elcano. Siempre al otro lado del río, pero en Triana, encontramos dos locales muy conocidos para quienes les gusta el flamenquito: **Anselma** y **Lo Nuestro**. Una ocasión para divertirse.

Baños árabes

Baños árabes en pleno centro de la ciudad. Un ambiente recreado siguiendo todos los detalles para vivir otro momento, y relajarse en este palacio del siglo XVI.
www.airedesevilla.com
Nada mejor que saborear un té en la terraza, que ofrece unas vistas espectaculares al barrio de Santa Cruz con la Giralda.

Niños

Aquel que viaje a Sevilla con niños, encontrará en **Isla Mágica** un parque temático ambientado en el descubrimiento del Nuevo Mundo. Actuaciones, atracciones, zonas de descanso y restauración. Seguro que será un día inolvidable para los más pequeños de la casa.
Cada vez hay más plazas con zonas acotadas para juegos de niños, además el **parque de María Luisa,** casi en el centro de la ciudad, es un lugar perfecto para vivir momentos inolvidables entre juegos. Si no son muy pequeños, en el **Museo de Artes y Costumbres Populares** podrán pasar un rato divertido.
El paseo Colón es otra zona donde poder ir con niños y que ellos también disfruten. Les encantará dar un **paseo en barco** por el río. Hay cruceros a casi todas las horas, y algunos cuentan con restaurantes. Muy entretenidas son las visitas a la ciudad en el **autobús turístico,** tanto para los más pequeños como para los jovencitos y es una manera de ver en poco tiempo lo más significativo de la ciudad.
Cuando llega la Navidad, se organizan exposiciones con Belenes en muchas iglesias y fundaciones. Los niños suelen pasarlo muy bien en la visita a los más espectaculares, donde regalan golosinas y globos. El 5 de enero sale por las calles de la ciudad la **Cabalgata de los Reyes Magos**. Cada año las carrozas se renuevan con los personajes más queridos por los pequeños que miran con ilusión el paso de los Reyes, en medio de una lluvia de caramelos.
La sala **La Imperdible** organiza espectáculos para estas edades, otra ocasión para pasar un momento distendido entre risas y bromas. Y si queréis contarles una historia antes de dormir y habéis olvidado un libro, o queréis buscar nuevas aventuras no dudéis en ir a **Rayuela**, una librería infantil dedicada solo a los más pequeños y a todos aquellos adultos que quieren dar por unos momentos rienda suelta a ese niño que llevamos dentro.

Librería Rayuela

- **Barcelona, 3.**
- **95 422 56 94.**
- **Plaza de la Encarnación, s/n.**
- **95 422 88 34.**

Isla Mágica

- **Isla de la Cartuja.**
- **902 161 716.**
- **www.islamagica.es**

Cruceros Torre del Oro

- **95 453 47 20.**
- **www.crucerostorredeloro.com**

Autobús turístico

- **www.busturistico.com**
- **95 456 06 93.**
- **www.sevillaguía.com**
- **95 447 56 05.**

La Imperdible

- **Plaza del Duque, s/n.**
- **95 422 38 13.**
- **www.laimperdible.org**

Compras

Las zonas comerciales y los mercadillos se reparten por toda la ciudad, hay para todos los gustos.
En el centro, las calles Sierpes, Tetuán y Rioja concentran la mayoría de tiendas de ropa, zapatos y complementos a la última moda. En la plaza Nueva, se han situado algunas firmas internacionales de nivel más elevado. En la calle Cuna encontramos tiendas de vestidos de ceremonia y trajes de flamenca que venden todo el año. La calle Alcaicería de la Loza es conocida por los complementos de todos los gustos, sobre todo para los más jóvenes. El mercadillo de los *hippies* los viernes y sábados es otro lugar para perderse en busca de todo tipo de complementos.
Los coleccionistas filatélicos también tienen aquí un lugar donde disfrutar. En la plaza del Cabildo todos los domingos por la mañana hay un mercadillo y entre semana, algunos puestos ponen tienda en la misma plaza. Algunos más bien se podrían considerar galerías. Lo mismo se puede decir del mercadillo que cada domingo por la mañana se organiza en la plaza del Museo. Toda una exposición de pinturas de artistas, sobre todo locales, donde poder comprar.
Al otro lado del puente, en Triana encontramos muchas tiendas de cerámica y productos de loza en la calle Castilla y sus alrededores. Una oportunidad para comprar piezas de artesanía ya que casi todas cuentan con envíos al extranjero. Y siempre en la otra orilla, pero en el barrio de los Remedios, está la calle Asunción, una de las zonas más comerciales de la ciudad, que, tras las obras de peatonalización de los últimos años, ha cambiado su aspecto. Después de la inauguración de la calle, a principios del 2010, todo apunta a que volverá a ser lo que era. Destacan las tiendas de moda infantil.
Los centros comerciales se han abierto en las zonas más periféricas. En el centro, hay uno situado en la antigua estación de trenes, hoy conocida como plaza de Armas. Todos los centros cuentan con tiendas de moda, complementos, zonas de bares y cines. El que más tirón tiene es el **Nervión Plaza**, situado a la espalda del estadio de fútbol del Sevilla.

Alojamiento

HOTELES

Hotel Alfonso XIII*****

San Fernando, 2.
95 491 70 00.
www.hotel-alfonsoxiii-sevilla.com
Habitación doble: a partir de 330 €.
Sin lugar a dudas el hotel con más encanto y lujo de toda la ciudad.

Hotel Casa Imperial*****

Imperial, 29.
95 450 03 00.
www.casaimperial.com
Habitación doble: 250 €.
Coqueto y confortable establecimiento con sabor antiguo, lleno de magia.

Hotel EME*****

Alemanes, 27.
95 456 00 00.
www.emecatedralhotel.com
Habitación doble: a partir de 250 €.
Hotel vanguardista, ubicado en unas antiguas casas sevillanas. Diseño, estilo, elegancia, con un servicio impecable. Una vista inolvidable.

Hotel Gran Meliá Colón*****

Canalejas, 1.
95 450 55 99.
www.gran-melia-colon.com
Habitación doble: a partir de 265 €.
Tras la remodelación, vuelve a ser el hotel de referencia para descansar con *glamour*.

Hotel Ribera de Triana****

Plaza Chapina, s/n.
95 426 80 00.
www.hotelriberadetriana.com
Habitación doble: 160 €.
Un hotel moderno, situado junto al río, que cuenta con una terraza única.

Hotel AC Ciudad de Sevilla****

Manuel Siurot, 25.
95 423 05 05.
www.ac-hoteles.com
Habitación doble: 100 €.

Algo alejado del centro, en una de las zonas residenciales, con buena relación calida/precio.

Hotel Boutique Casa Romana****

- Trajano, 15.
- 95 491 51 70.
- www.hotelcasaromana.com
- Habitación doble: 145 €.

Un hotel precioso, muy tranquilo, donde podéis comprar todo aquello que os guste.

Hotel Las Casas de la Judería****

- Santa María La Blanca, 5.
- 95 441 51 50.
- www.casasypalacios.com
- Habitación doble: 175 €.

Un hotel con encanto, situado en un conjunto de casas y palacios de la antigua judería, donde no falta un detalle.

Hotel Las Casas del Rey de Baeza****

- Plaza Jesús de la Redención, 2.
- 95 456 14 96.
- www.hospes.com
- Habitación doble: 155 €.

Habitaciones coquetas, ubicadas en unas antiguas casas sevillanas perfectamente restauradas. Piscina al aire libre.

Hotel Doña María****

- Don Remondo, 19.
- 95 422 49 90.
- www.hdmaria.com
- Habitación doble: 110 €.

Lujo y tradición en el centro de Sevilla, en una antigua casa-palacio. Espacio para reuniones, terraza y bar.

Hotel Fernando III****

- San José, 21.
- 95 421 73 07.
- www.hotefernandoiii.es
- Habitación doble: 100 €.

Junto a la iglesia de Santa María la Blanca, en el barrio de Santa Cruz, antiguo hotel reformado, donde prima el confort y la atención en el servicio. Cuenta con restaurante.

Hotel Inglaterra****

- Plaza Nueva, 7.
- 95 422 49 70.
- www.hotelinglaterra.es
- Habitación doble: 120 €.

Fue y sigue siendo uno de los mejores hoteles. Lujo y confort en pleno centro.

Hotel Macarena****

- San Juan Ribera, 2.
- 95 437 58 00.
- www.solmelia.com
- Habitación doble: 110 €.

A las puertas del centro, para aquellos que les gusten los grandes hoteles y todas las comodidades.

Hotel Marqués Santa Ana****

- Jimios, 9-11.
- 902 28 36 86.
- www.hthoteles.com
- Habitación doble: 125 €.

Antigua casa sevillana, transformada en hotel, donde la tecnología más vanguardista es un elemento más.

Hotel Posada del Lucero****

- Almirante Apodaca, 7.
- 95 450 24 80.
- www.hotelposadadellucero.es
- Habitación doble: 145 €.

Se trata de la posada más antigua de España, data del siglo XVI que ha sabido reunir elementos tradicionales e innovadores con un resultado final sorprendente.

Hotel Rey Alfonso X****

- Ximénez de Enciso, 35.
- 95 421 00 70.
- www.hotelreyalfonsox.es
- Habitación doble: 120 €.

Moderno hotel, que combina el gusto por el lujo con el confort, en una zona céntrica.

Hotel San Gil****

- Parras, 28.
- 95 490 68 11.
- www.hotelsangil.com
- Habitación doble: 145 €.

Gracioso hotel, muy cuidado y con un buen servicio. Precioso el jardín.

Hotel Husa Los Seises****

- Segovias, 6.
- 95 422 94 95.
- www.hotellosseises.com
- Habitación doble: 142 €.

Junto al palacio Arzobispal, descansar aquí significa volver a la suntuosidad del Siglo de Oro. Edificio del siglo XVI restaurado con esmero que ofrece todas las comodidades. Excelente restaurante.

Hotel Taberna del Alabardero****

- Zaragoza, 20.
- 95 450 27 21.
- www.grupolezama.es
- Habitación doble: a partir de 100 €.

Con sabor sevillano, no en vano es una casa-palacio del siglo XIX, y un servicio impecable.

Hotel Zenit Sevilla****

- Pagés del Corro, 90.
- 95 434 74 34.
- www.zenithoteles.com
- Habitación doble: 100 €.

Moderno hotel con todas las comodidades en pleno centro del barrio de Triana.

Hotel Abanico***

- Águilas, 17.
- 95 421 32 07.
- www.hotelabanico.com
- Habitación doble: 90 €.

Coqueto y colorido hotel con todas las comodidades. Habitaciones pequeñas pero completas.

Hotel Alminar***

- Álvarez Quintero, 52.
- 95 429 39 13.
- www.hotelalminar.com
- Habitación doble: 120 €.

Antiguo palacete de habitaciones amplias y totalmente equipadas. Pequeño patio central donde se sirve el desayuno, acogedor.

Hotel Casa Sacristía de Santa Ana***

- Alameda de Hércules, 22.
- 95 491 57 22.
- www.hotelsacristia.com
- Habitación doble: 95 €.

Una sorpresa donde descansar, en la zona más alternativa de la ciudad. Antigua sacristía convertida en hotel.

Hotel Las Casas de los Mercaderes***

Álvarez Quintero, 9-13.
95 422 58 58.
Habitación doble: 60-110 €.

Situado en pleno centro, a escasos pasos de la plaza del Salvador. Excelente relación precio/calidad.

Hotel Monte Carmelo***

Virgen de la Victoria, 7.
95 427 90 00.
www.hotelesmonte.com
Habitación doble: 60 €.

Pequeño hotel, situado en el barrio de los Remedios, ofrece una atención esmerada.

Hotel Plaza de Armas***

Marqués de Paradas, 16.
95 490 19 92.
www.nh-hoteles.com
Habitación doble: 95 €.

La cadena NH cuenta con este hotel situado en las puertas del centro, con todos los servicios necesarios.

Hotel Reyes Católicos***

Gravina, 57.
95 421 12 00.
www.hotelreyescatolicos.info
Habitación doble: 65 €.

Con sabor sevillano de otras épocas, íntimo y acogedor. Buena relación calidad precio.

Hotel Vime Corregidor***

Morgado, 17.
95 438 51 11.
www.vimehoteles.com
Habitación doble: 75 €.

Hotel moderno con todo tipo de comodidades.

Hotel Montecarlo***

Gravina, 51.
95 421 75 03.
www.hotelmontecarlosevilla.com
Habitación doble: 80 €.

Algo antiguo en cuanto a mobiliario, pero el servicio es excelente.

Patio de la Alameda***

Alameda de Hércules, 56.
95 490 49 99.
www.patiodelaalameda.com

Antiguo palacete del siglo pasado en el cual vivió el escultor Antonio Susillo, hoy convertido en un hotel con estilo propio en la emblemática y céntrica plaza Alameda de Hércules.

Hotel Puerta de Triana***

Reyes Católicos, 5.
95 421 54 04.
www.confortelhoteles.com
Habitación doble: 55-300 €.

Todas las comodidades para el descanso, en este coqueto hotel con un diseño moderno y acogedor. Cerca del río Guadalquivir.

Hotel Amadeus***

Farnesio, 6.
95 450 14 43.
www.hotelamadeussevilla.com
Habitación doble: 85-112 €.

Elegante y refinado establecimiento, con abundantes detalles y cuidadas habitaciones. Ambiente acogedor, donde sentirse casi como en casa.

Hotel Abril**

Jerónimo Hernández, 20.
95 422 90 46.
www.hotelabril.com
Habitación doble: 60 €.

Un hotel muy agradable, con pocas habitaciones y un servicio discreto y atento.

Hotel Adriano Boutique**

Adriano, 12.
95 429 38 00.
www.adrianohotel.com
Habitación doble: 60 €.

Situado junto a la Maestranza, este hotel mantiene un sabor sevillano único, confortable.

Hotel Alcántara**

Ximénez de Enciso, 28.
95 450 05 95.
www.hotelalcantara.net
Habitación doble: 90 €.

Un moderno hotel donde se respira tranquilidad nada más cruzar la puerta. En el barrio de Santa Cruz, ocupa una mansión del siglo XVIII, con patio central.

Hotel Baco**

Plaza Ponce de León, 15.
95 456 50 50.
www.baco.es
Habitación doble: 75-135 €.

Fue sede de la CNT, y hoy es un hotel costumbrista de la Sevilla más romántica.

Hotel Don Pedro**

Gerona, 24.
95 429 33 33.
www.hoteldonpedro.net
Habitación doble: 70 €.

Primero un convento, luego una casa particular, y hoy un hotel con habitaciones funcionales que conservan un toque personal en cada una de ellas.

Hotel Doña Manuela**

Pº Catalina de Ribera, 2.
95 454 64 00.
www.hoteldonamanuela.com
Habitación doble: 60-200 €.

Precioso hotel situado estratégicamente junto a los jardines de Murillo. La terraza merece una visita.

Hostería del Laurel**

Plaza de los Venerables, 5.
95 422 02 95.
www.hosteriadellaurel.com
Habitación doble: 80-100 €.

Sus habitaciones llevan nombres de antiguos ilustres. Cuenta con lo esencial para el descanso.

Hotel Londres**

San Pedro Mártir, 1.
95 450 27 45.
www.londreshotel.com
Habitación doble: 50-90 €.

Opción válida para aquel que

busque un hotel pequeño, bien situado y muy bien de precio.

Hotel Murillo**

Lope de Rueda, 9.
95 421 60 95.
www.hotelmurillo.com
Habitación doble: 80-105 €.
Una decoración algo anticuada, donde el confort está garantizado.

Hotel Sevilla**

Daoiz, 5.
95 438 41 61.
www.hotelsevillaweb.es
Habitación doble: 50-105 €.
Habitaciones proporcionalmente pequeñas y algo austeras, pero cuentan con todas las comodidades necesarias.

Hotel Europa*

Jimios, 5.
95 450 04 43.
www.hoteleuropasevilla.com
Habitación doble: 50-170 €.
Un hotel sevillano y muy familiar, donde reciben a los clientes con cercanía.

Hotel San Francisco*

Álvarez Quintero, 38.
95 450 15 41.
Habitación doble: 50-122 €.
Hotel céntrico, con habitaciones esenciales y cuartos de baño muy cuidados. Lugar silencioso.

Hotel Simón*

García de Vinuesa, 19.
95 422 66 60.
www.hotelsimonsevilla.com
Habitación doble: 55-85 €.
Hotel con encanto y la elegancia de épocas pasadas. Las habitaciones más bonitas están en la planta de abajo.

Hotel Zaida*

San Roque, 26.
95 421 11 38.
www.hotelzaida.com
Habitación doble: 65 €.
Hotel pequeño, muy céntrico y con pocas habitaciones, si bien todas ellas están cuidadas y dotadas del mínimo confort. Con patio central.

HOSTALES

B & B Naranjo*

San Roque, 11.
95 422 58 40.
www.bandbsevilla.com
Habitación doble: 65 €.
Junto al Museo de Bellas Artes, correcto en su sencillez. Terraza.

Hostal Callejón del Agua*

Corral del Rey, 23.
95 421 20 98.
www.callejondelagua.es
Habitación doble: 80 €.
Hostal con encanto, antigua casa-palacio, en una ubicación privilegiada en el centro histórico de Sevilla.

Hostal Trajano*

Trajano, 3.
95 438 24 21.
www.hostaltrajano.com
Habitación doble: 45-75 €.
Una casa sevillana del sigo XIX rehabilitada como hostal.

Hospedería Las Clarisas Capuchinas

Cardenal Spinola, s/n
95 438 32 09.
Precio por persona, 15 €.
En el convento de Santa Rosalía, la orden de las Clarisas ha abierto una pequeña residencia para aquellos que busquen las comodidades esenciales y unos precios muy económicos. Todas las habitaciones cuentan con cuarto de baño dentro.

APARTAMENTOS

Murillo

Reinoso, 6.
95 421 09 59.
www.hotelmurillo.com
Apartamento/ día: 100 €.
Pequeños apartahoteles con todas las comodidades y un trato excelente. Renovados y actualizados en su decoración, con diferentes capacidades.

Patio de la Cartuja

Lumbreras, 8 y 10.
954 90 02 00.
www.patiodelacartuja.com
Apartamento/ día: 60 €.
Patio de la Cartuja es un edificio típico sevillano, con un total de 34 apartamentos totalmente equipados y con una decoración acogedora y actual, situados alrededor de un gran patio central. En el casco antiguo.

Puerta Catedral

Alemanes, 15.
95 421 69 12.
www.puertacatedral.com
Apartamento/ día: 100 €.
Coquetos apartamentos y estudios perfectos para todo tipo de viajeros y exigencias. Cuentan con servicios extras que satisfarán tanto a las familias como a los más independientes. Situado a 10 pasos de la catedral, conviene reservar con tiempo ya que las plazas son pocas. No hay que olvidar subir a la terraza situada en el último piso de cada edificio, que goza de unas vistas del centro perfectas para un buen recuerdo.

Resitur

Salado, 4.
95 427 50 90.
www. resitur.es
Apartamento/ día: 100 €.
Apartahotel básico, situado en el barrio de los Remedios. 200 apartamentos con baño completo y cocina equipada.

ALBERGUES DE JUVENTUD

Albergue Sevilla

Isaac Peral, 2.
95 503 58 86.
www.inturjoven.com
cama/noche: 16-26 €.
Situado cerca del campus universitario Reina Mercedes, las instalaciones se ordenan en torno a un patio. Organizan actividades para los allí alojados.

Información práctica

TRANSPORTES

Aeropuerto de San Pablo

Se encuentra a 10 km de la ciudad.
En: www.aena.es encontraréis información sobre vuelos, salidas y llegadas.
Hay un autobús (línea EA) que une el aeropuerto con el centro de la ciudad y realiza varias paradas.

Ferrocarriles

Estación Santa Justa

En un extremo del barrio de Nervión, a 15 minutos del centro, cuenta con varias líneas de autobuses hacia distintos puntos.
Información sobre trenes en: www.renfe.es (telf. 902 240 202).
Hay varios apeaderos, donde paran trenes de cercanías y algunos están unidos con la línea de metro.

Estaciones de autobús

Plaza de Armas

Avda. Cristo de la Expiración.
95 490 80 40.

Prado de San Sebastián

Manuel Vázquez Sagastizábal.
95 441 71 11.

Autobuses urbanos

www.tussam.es
Red de líneas urbanas que unen todos los puntos de la capital.
Aquí aparece toda la información sobre billetes, abonos diarios y semanales.

CALENDARIO DE FIESTAS

Enero

Año Nuevo. 1 de enero.
Cabalgata de los Reyes Magos
5 de enero. Una ocasión para disfrutar con los niños.
Epifanía. 6 de enero.

Febrero

28 de febrero. Día de Andalucía.

Marzo

Semana Santa

La fiesta mayor, la máxima expresión del sentir religioso y estético de la ciudad, la gran pasión de Sevilla. La Semana Santa, que se celebra dependiendo del calendario litúrgico entre marzo y abril, constituye una explosión de religiosidad popular en un marco de exuberante barroquismo.
Magníficas tallas de grandes imagineros como Martínez Montañés, Juan de Mesa, La Roldana, etc. recorren en procesión las calles desde el Domingo de Ramos hasta el Sábado Santo, a hombros de los costaleros y escoltadas por largas filas de nazarenos, pertenecientes a las distintas cofradías.
Los momentos más interesantes de las procesiones se corresponden con la salida y entrada de los pasos en sus respectivos templos, que es cuando más saetas suelen cantársele a las imágenes.
Esta fiesta sin parangón alcanza su cenit en la La Madrugá, la noche del Jueves al Viernes Santo, cuando hacen su estación de penitencia las hermandades de mayor arraigo como la hermandad de El Silencio, la del Gran Poder, la de la Esperanza Macarena, la del Calvario, la de la Esperanza de Triana y la de los Gitanos.
Domingo de Resurrección
Inicia la temporada taurina.

Abril

Feria

Generalmente cae la última semana del mes, aunque su fecha de inicio depende de la celebración de la Semana Santa.
La Feria sevillana, de fama universal, tiene su origen en el año 1847 cuando, a la petición del Ayuntamiento, la reina Isabel II responde con la concesión de una feria de ganado que se montó en el prado de San Sebastián. Un año más tarde ya contaba la feria con casetas y solo en 1850 se establece una separación entre el mercado de ganado y el recinto de pura diversión.
A partir de los años veinte de nuestro siglo, la Feria de Abril tiene ya la configuración actual. Se trata de una enorme ciudad artificial con calles en retícula

en cuyas manzanas se instalan las casetas. Por las calles discurre la multitud, abigarrada y colorista, los grupos a caballo, los coches tirados por enganches enjaezados, los que tocan las guitarras, los que cantan, los que bailan y todos aquellos que van de un lado a otro simplemente por el gusto de curiosear. El sombrero cordobés, el traje corto en el caso de los hombres y el de faralaes en las mujeres tienen su máxima presencia.
La caseta es el trasunto de la casa sevillana. Consta de una estructura metálica a dos aguas cubierta con lonas listadas en rojo y blanco o en verde y blanco. En la caseta se canta, se baila y se divierten, se bebe el vino de Jerez y se comen las tapas de la tierra hasta las primeras luces del alba.

Mayo

1 de mayo. Día del Trabajador.

Pentecostés. En esta festividad varias hermandades peregrinan a la ermita de la Virgen del Rocío (Huelva).

Corpus Christi. Se sigue celebrando el jueves, siendo día festivo en la capital.

San Fernando. 30 de mayo. Es el patrón de la ciudad.

Julio

Velá de Santiago y Santa Ana

24-26 de julio.

Festival Internacional de Danza

Durante dos semanas se realizan actuaciones de todos los géneros.

Agosto

Festividad de la Virgen de los Reyes

15 de agosto. Es la patrona de la Archidiócesis de Sevilla.

Septiembre

29 de septiembre

Ciclo de corridas en la Maestranza.

Bienal de Flamenco

Octubre

12 de octubre. Fiesta Nacional.

Noviembre

1 de noviembre. Día de todos los santos.

Diciembre

6 de diciembre. Día de la Constitución.

7 de diciembre

Víspera de la festividad de la Inmaculada. En la plaza del Triunfo, las tunas universitarias se congregan ante el monumento a la Virgen, para cantarle y depositar ramos como homenaje.

Día de la Inmaculada

8 de diciembre. Fiesta en toda la provincia.

Navidad

25 de diciembre.

Feria de los dulces conventuales.

TRANSPORTES

BICICLETAS

www.sevici.es
www.rentabike sevilla.com

Porque la bicicleta es ya un medio de transporte con el que conocer la ciudad.

METRO

www.metro-sevilla.es

Actualmente hay solo una línea abierta y hay en estudio otras más.

ALQUILER COCHES DE CABALLO

En la plaza de San Francisco, en la plaza del Triunfo o en el parque de María Luisa hay paradas, las tarifas varían en función del tiempo.

APARCAMIENTOS PÚBLICOS

Para moverse por Sevilla lo mejor es ir andando o con transporte público, ya que una de las políticas de los alcaldes recientes es peatonalizar cuantos más barrios mejor. El centro, Los Remedios y Triana son los primeros ejemplos. Los aparcamientos son: Arjona, junto a la estación de autobuses Plaza de Armas. Hotel NH, bajo la estación Plaza de Armas. Corte Inglés de San Pablo, en la plaza de la Magdalena; Corte Inglés del Duque, plaza de la Concordia; Escuelas Pías, plaza Ponce de León; Altozano/Mercado de Abastos, debajo del puente de Triana, Plaza de Cuba, entrada por avda. República Argentina, calle Albareda 18. Cano y Cueto, avda. Menéndez Pelayo, Virgen de Lujan, Macarena, San Juan de Ribera, paseo Colón, paseo Cristina, Mercado del Arenal.

TRANSPORTES

Taxis

Taxi Radio Giralda
☎ 95 499 80 70.
Radio Taxi
☎ 95 458 00 00.
Tele Taxi
☎ 95 462 22 22.

Visitas guiadas

Sevirama
☎ 95 456 06 93.
Sevilla Tour
www.sevillacard.es
Cruceros turísticos Torre del Oro
☎ 95 453 47 20.
www.crucerostorredeloro.com
Bici4city
www.bici4city.com
Sevilla en Globo
☎ 95 447 56 05.
ww.sevillaguia.com

OFICINAS DE TURISMO

Oficina de Información Junta de Andalucía
✉ Avenida de la Constitución, 21.
☎ 95 422 14 04.
✉ Estación de RENFE, Santa Justa.
☎ 95 478 20 02.
✉ Aeropuerto Sevilla-San Pablo.
☎ 95 478 20 35.
Oficina Provincial de Información Turística
✉ Plaza del Triunfo, 1-3.
☎ 95 421 00 05.
Oficina Municipal de Turismo
✉ Paseo de las Delicias, 9. Costurero de la Reina.
☎ 95 423 44 65.
Consorcio de Turismo de Sevilla
✉ Castillo de San Jorge.
☎ 95 547 12 32.

Información en la Red sobre Sevilla
www.andalucia.org
www.turismosevilla.org
www.sevilla.org/cultura

Los medios de comunicación local cuentan con varias páginas donde se recogen los acontecimientos culturales. **El Giraldillo,** revista cultural con una extensa y variada oferta de actividades: www.elegirhoy.com

☎ **Información sobre la ciudad: 010**

Índice de lugares